もう
困らない！

教育・保育
給付制度
の手引

配置基準から
加算の内容まで

三木市教育委員会
網干 達也
本岡 伸朗 共著

ぎょうせい

～ は じ め に ～

　平成27年4月に子ども・子育て支援法が施行され、もうすぐ10年を迎えようとしています。この法律の所管は内閣府（現在はこども家庭庁）ですが、文部科学省の「教育」の要素と、厚生労働省の「福祉」の要素の両方を持ち合わせた内容になっています。特に教育・保育給付の細部を見ていくとかなり複雑・難解で、「何でこんなしくみになっているんだろう？」と思う部分が多々あります。ただ、制度設計の観点から想像すると、そういうしくみも、難しい調整や細かい想定の結果、こうなったのかなと思うところもあり、非常に緻密に設計をされていると感じます。そういう意味では、この制度設計に携わった方々には、大変なご苦労があったのではないかと思います。

　とはいえ、実際にこの制度を取り扱うのは、地方自治体の担当者と保育所・認定こども園の事務職員や経営者の方々です。ですから、その担当者がしっかりと制度を理解して運用できることが何より大切です。そこで本書は、その緻密に設計された複雑・難解な教育・保育給付の制度を、地方自治体の担当者と保育所・認定こども園の事務職員や経営者の方々にわかりやすく解説するために製作しました。

　過去の私たちと同じように困っている地方自治体担当者や、教育・保育給付以外でもさまざまな事務で苦労されている施設の事務職員や経営者の方々にとって、少しでもお役に立てればと思います。

　なお、この制度は、細部においては多少解釈の余地があり、国から正解が示されていない部分があります。そのため、自治体によって解釈が異なる可能性があるため、本書の内容はあくまで「三木市の解釈は」という前提で参考としてお読みいただければと思います。

自治体の入所担当・給付担当の
仕事をざっくり紹介！

　自治体における保育所等の入所担当・給付担当の仕事や1年の流れをざっくり紹介します。これ以外にも補助金や監査、認可の事務などいろいろありますが、ここでは「入所」「給付」の仕事だけピックアップします。

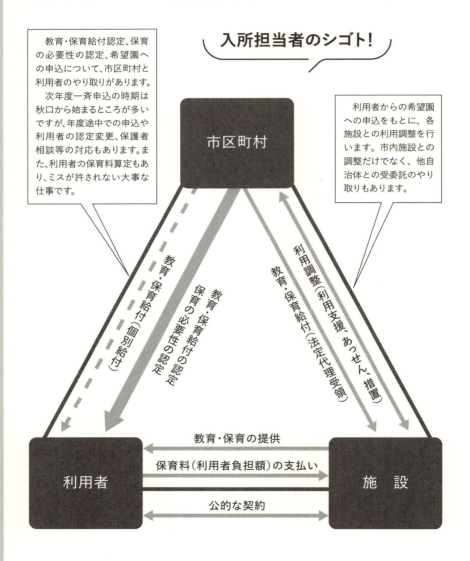

給付担当者のシゴト!

国

国庫交付金
の交付

都道府県

国庫交付金及び
県費負担金の交付

各種調査

給付の
実施主体は
市区町村!

市区町村 ←→ 受委託分の
給付費の処理 ←→ **他市区町村**

処遇改善等加算
及び
その他加算の認定

教育・保育給付費
の支払

教育・保育給付費
の精算

施　設

［6月］
前年度分の国庫交付金の
実績報告

［6月］
現年度の国庫交付金の
交付申請

［12月］
現年度の国庫交付金の
変更交付申請予定額確認

　市区町村の国庫交付金の
申請は、都道府県を通じて行
います。所要額の調査等を何
度も行い、交付申請額と実績
額のズレが少なくなるよう、細
心の注意を払います。
　また、必要に応じて補正予
算の対応等も行います。

［6月］前年度分の国庫交付金及び県費負担金の実績報告
［6月］現年度の国庫交付金及び県費負担金の交付申請
［9月］次年度の国庫交付金及び県費負担金の所要額調査
［11月］現年度の県費負担金の所要額調査
［12月］現年度の国庫交付金の変更交付申請予定額確認
［1月］現年度の国庫交付金及び県費負担金の変更交付申請

［4〜5月］
前年度 処遇改善等加算及び
その他加算の実績報告

［毎月］
教育・保育給付費の概算請求

夏〜冬
処遇改善等加算及び
その他加算の適用申請

　入所で受委託のやり取りが
あった場合、その子どもの分の
給付費に関し、給付担当も他
市区町村との間で受委託分の
給付費のやり取りがあります。
　在籍している施設区分や公
立・民間の区別により対応方
法が異なるため、正確な連携
が求められます。

　言葉だけで表現すると一言で終わる仕事ですが、当年度のルー
ルに応じた様式の改造など、やることはたくさんあります。とて
も複雑なしくみのため、施設からの質問対応もしっかり行い、正
しい適用申請書類等を出してもらえるよう努めています。

※処遇改善等加算Ⅰ・Ⅱの認可権者は都道府県ですが、事務移譲により市区町村が行う地域もあります。

1年の主な業務 ※三木市の例

入所担当が毎月行う業務
毎月の入所に関する利用調整、住基異動状況等確認など

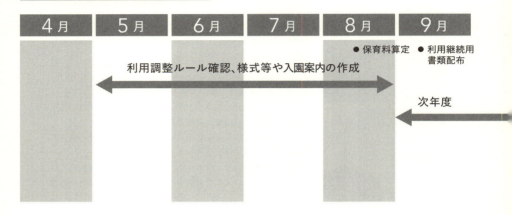

給付担当が毎月行う業務
施設型給付費及び地域型保育給付費の毎月の概算払いなど

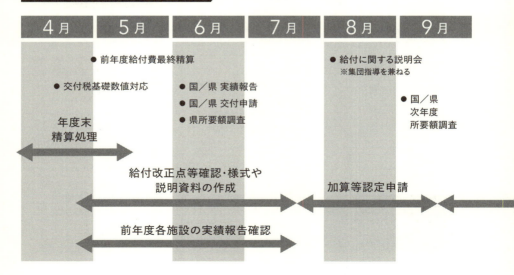

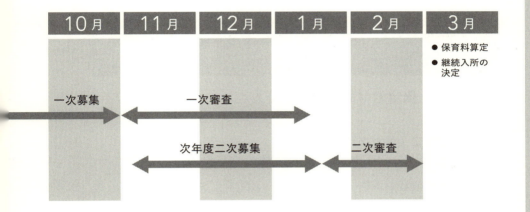
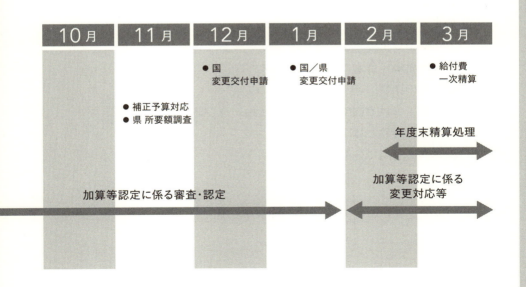

目次

はじめに

自治体の入所担当・給付担当の仕事をざっくり紹介！
1年の主な業務

第1章　教育・保育給付の基礎知識

1　教育・保育給付の概要としくみ ······················· 017
概要 ·· 017
特定教育・保育施設の種類 ································ 018
教育・保育給付の支援を受ける子どもの認定区分 ········· 021
保育事業者の資格 ── 「認可」、「認定」、「確認」 ······· 022
認可定員と利用定員 ···································· 023

2　給付の基本構造 ···································· 025
給付費の基本構造を理解する ···························· 025
公定価格とは？ ·· 026
公定価格は地域区分で8段階に分かれる ·················· 027
基本分単価に含まれているものは何か？ ·················· 030
給付費の請求 ·· 031
給付費における国や地方の負担割合 ······················ 033
利用者負担額とは？ ···································· 035
保育料の運用で注意したいこと ·························· 042

Column　自治体間の助け合い ··························· 033
　　　　　「保育料」完全無償化がもたらすもの ··········· 042
　　　　　保育料で保育時間を買っているわけではありません ··· 044

第2章　基本配置を知ろう

1 **基本分単価に含まれる職員構成** ･････････････ 047

年齢別配置基準 ･････････････････････････ 047

2 **幼稚園の職員構成** 050

3 **保育所の職員構成** 054

4 **認定こども園の職員構成** ･････････････････ 058

職員構成と各加算の関係図 ･･･････････････ 062

「常勤」「非常勤」の判断 ･････････････････ 063

5 **小規模保育事業所 A 型 or B 型・事業所内保育事業所**
（A 型基準 or B 型基準）の職員構成 ･････ 067

職員構成と各加算の関係図 ･･･････････････ 069

6 **【参考】その他の施設区分における職員構成** ･･････ 072

7 **就学前子どもの教育・保育に携わる職業** ･･････ 074

Column ついに見直された「基準」･･････････････････ 049

幼稚園と保育所って何が違うの？ という感覚を
理解することの重要性 ････････････････ 053

給付担当になった日（本岡編）････････････ 066

給付担当になった日（網干編）････････････ 066

スモールメリット？ スケールメリット？ ･････ 070

施設にどれだけ職員がいればいいのか？ ･････ 073

第3章　加算について知ろう

1 **加算の知識を 1 つずつ身につけよう** ･･･････ 079

子育て支援の取組み★ ･･････････････････ 080

2 基本加算部分 ･･･････････････････････････････････ 083

2－1 副園長・教頭配置加算 ･････････････････････････････ 083
2－2 学級編制調整加配加算 ･･･････････････････････････ 083
2－3 ３歳児配置改善加算 ･････････････････････････････ 084
2－4 満３歳児対応加配加算 ･･･････････････････････････ 085
2－5 ４歳以上児配置改善加算 ･････････････････････････ 085
2－6 講師配置加算 ･･･････････････････････････････････ 087
2－7 通園送迎加算 ･･･････････････････････････････････ 088
2－8 給食実施加算 ･･･････････････････････････････････ 089
2－9 チーム保育加配加算 ･････････････････････････････ 090
2－10 チーム保育推進加算 ･････････････････････････････ 091
2－11 外部監査費加算 ･････････････････････････････････ 092
2－12 休日保育加算 ･･･････････････････････････････････ 093
2－13 減価償却費加算 ･････････････････････････････････ 094
2－14 賃借料加算 ･････････････････････････････････････ 097
2－15 夜間保育加算 ･･･････････････････････････････････ 099
2－16 副食費徴収免除加算 ･････････････････････････････ 100
2－17 障がい児保育加算 ･･･････････････････････････････ 102
2－18 資格保有者加算 ･････････････････････････････････ 103
2－19 家庭的保育補助者加算 ･･･････････････････････････ 103
2－20 家庭的保育支援加算 ･････････････････････････････ 103
2－21 保育士比率向上加算 ･････････････････････････････ 104
2－22 連携施設加算 ･･･････････････････････････････････ 104

3 加減調整部分 ･･･････････････････････････････････ 105

3－1 主幹保育教諭等の専任化により
　　　子育て支援の取組みを実施していない場合★ ･･･････････ 105
3－2 年齢別配置基準を下回る場合 ･････････････････････ 106
3－3 配置基準上求められる職員資格を有しない場合 ･･･････ 106
3－4 教育標準時間認定子どもの利用定員を設定しない場合 ･････ 107
3－5 分園の場合 ･････････････････････････････････････ 107
3－6 施設長を配置していない場合 ･････････････････････ 109
3－7 管理者を配置していない場合 ･････････････････････ 109
3－8 連携施設を設定していない場合 ･･･････････････････ 110
3－9 食事の提供について自園調理又は
　　　連携施設等からの搬入以外の方法による場合 ･････････ 111
3－10 特定の日に保育を行わない場合 ･･･････････････････ 111
3－11 土曜日に閉所する場合 ･･･････････････････････････ 112

4 乗除調整部分 ･･･････････････････････････････････ 116

定員を恒常的に超過する場合 ･･･････････････････････････ 116

5 特定加算部分 · 118

5 - 1	療育支援加算 ·	118
5 - 2	主幹教諭等専任加算★ · · · · · · · · · · · · · · · · · · ·	119
5 - 3	子育て支援活動費加算 ·	120
5 - 4	主任保育士専任加算★ ·	120
5 - 5	事務職員の配置に関する加算①事務職員配置加算 · · · · · · ·	121
5 - 6	事務職員の配置に関する加算②事務負担対応加配加算 · · · ·	121
5 - 7	事務職員の配置に関する加算③事務職員雇上費加算★ · · ·	121
5 - 8	指導充実加配加算 ·	123
5 - 9	冷暖房費加算 ·	123
5 - 10	施設関係者評価加算 ·	124
5 - 11	除雪費加算 ·	124
5 - 12	降灰除去費加算 ·	125
5 - 13	高齢者等活躍促進加算★ · · · · · · · · · · · · · · · · · · ·	125
5 - 14	施設機能強化推進費加算★ · · · · · · · · · · · · · · · · · ·	126
5 - 15	小学校接続加算 ·	128
5 - 16	栄養管理加算 ·	132
5 - 17	第三者評価受審加算 ·	133

Column	なぜ併給できない⁉ ·	087
	子どもがお金に見える？ ·	097
	知識継承はとても大事です · · · · · · · · · · · · · · · · · · ·	115
	療育と給付 ·	119

第4章　処遇改善等加算について知ろう

1 「処遇改善」ってなに？ · 137

2 処遇改善等加算Ⅰ · 139

①基礎分 · 140

②賃金改善要件分 · 141

③キャリアパス要件分 · 141

3 処遇改善等加算Ⅱ · 143

研修修了要件 · 143

処遇改善等加算Ⅱの大まかな流れ · · · · · · · · · · · · · · · · · 143

平均年齢別児童数とは · 144

基礎職員数とは ・・・・・・・・・・・・・・・・・・・・・・・・・・・ 144

「人数 A」「人数 B」を求める ・・・・・・・・・・・・・・・ 145

加算見込額の算出 ・・・・・・・・・・・・・・・・・・・・・・ 146

副園長・教頭配置加算を取得している場合の考え方 ・・・・・・・ 147

配分方法 ・・・・・・・・・・・・・・・・・・・・・・・・・・・・ 148

対象職員 ・・・・・・・・・・・・・・・・・・・・・・・・・・・・ 149

副主任保育士等への賃金改善 ・・・・・・・・・・・・・・・ 149

職務分野別リーダー等への賃金改善 ・・・・・・・・・・・ 149

配分の際に気をつけること ・・・・・・・・・・・・・・・・ 150

4 処遇改善等加算 II における研修修了要件 ・・・・・・・・ 151

研修修了要件の概要 ・・・・・・・・・・・・・・・・・・・・ 152

キャリアアップ研修の分野別の内容 ・・・・・・・・・・・ 153

5 研修内容【認定こども園・幼稚園等】 ・・・・・・・・・ 156

6 研修内容【保育所・地域型保育事業所】 ・・・・・・・・ 160

7 研修修了要件の確認方法 ・・・・・・・・・・・・・・・・・・ 163

8 処遇改善等加算 III ・・・・・・・・・・・・・・・・・・・・・・ 165

「常勤換算で 9,000 円／月」の考え方 ・・・・・・・・・ 165

処遇改善等加算 III の大まかな流れ ・・・・・・・・・・・ 166

算定対象職員数の求め方 ・・・・・・・・・・・・・・・・・・ 167

配分の際に気をつけること ・・・・・・・・・・・・・・・・ 167

9 処遇改善等加算における新規事由 ・・・・・・・・・・・・ 169

処遇改善等加算 I の場合 ・・・・・・・・・・・・・・・・・・ 170

処遇改善等加算 II の場合 ・・・・・・・・・・・・・・・・・ 171

処遇改善等加算 III の場合 ・・・・・・・・・・・・・・・・ 172

10 処遇改善等加算 I における起点賃金水準の考え方 ・・・ 173

起点賃金水準とは ・・・・・・・・・・・・・・・・・・・・・・ 173

「新規事由あり」の場合、何が特定加算（見込）額になる？ ・・・・ 174

11 処遇改善等加算の確認 · 175

処遇改善等加算Ⅰ・Ⅱが「新規事由なし」の場合 · · · · · · · · · 175

処遇改善等加算Ⅰ・Ⅱに「新規事由あり」がある場合 · · · · · · 176

12 処遇改善等加算Ⅰ・Ⅱ・Ⅲのまとめ · · · · · · · · 178

13 処遇改善等加算における各職員への給与の考え方 · · 180

Column 教育・保育の質は人が担う · 162

第5章　法根拠を知ろう

どの法令の、どの条文が根拠なのかを知ろう · · · · · · · · · 182

"法令をめぐる旅"で理解を深めよう · · · · · · · · · · · · · · · 182

基本的な言葉や認定に関する言葉 · · · · · · · · · · · · · · · · 184

給付に関する言葉 · 185

施設に関する言葉 · 186

Column ここまでお読みいただいたあなたへのお願い · · · · · · · · 186

第6章　こんなときどうする? FAQ集

総合的な質問 · 188

加算に関する質問 · 189

研修修了要件に関する質問 · 194

おわりに · 198

第1章

教育・保育給付の
基礎知識

教育・保育給付の制度に関する市区町村の事務は、主に子どもの入所に関わる事務、給付費の算定に関わる事務、認可や監査に関わる事務の３つに大別されます。

　入所に関わる事務は、教育・保育給付認定と利用調整が主な仕事です。対象の利用者の状況（申し込む子どもの年齢や申込理由、いつから入園希望なのかなど）を明らかにした上で審査を行い、事務を進めます。

　給付費の算定に関わる事務は、その施設の所在する地域や定員、在籍児童数、職員配置などさまざまな内容を明らかにした上で事務を進めます。

　認可や監査に関わる事務は、子どもたちが安心・安全に施設を利用できるよう、さまざまな観点からチェックを行います。

　後ろのページで説明しますが、給付費は「利用者に対する個別給付」を基本としているため、まずは入所に関わる事務が確定していなければ給付費の算定はできません。入所の事務により利用者の状況をしっかり固めた上で、給付費の算定を行うことが基本となります。また、入所と給付の事務がしっかりと固められていてこそ、安心・安全な施設を運営していくことができます。

　給付費の担当者は、施設の状況と利用者の状況の両方を把握する必要があるため、子ども・子育て支援法をはじめとする幅広い知識を必要とします。それは施設の事務担当者にも同じことがいえます。まずは、この制度の概要から理解を進めていきます。

　さあ、始めましょう！

1 教育・保育給付の概要としくみ

概要

　子ども・子育て支援法の施行（子ども・子育て支援新制度の開始）により、従来バラバラに行われていた認定こども園、幼稚園、保育所などに対する財政支援のしくみが共通化されました。

　その経緯により創設されたのが「施設型給付」と「地域型保育給付」です。

◎施設型給付

認定こども園、幼稚園、保育所を対象とした財政支援です。

認定こども園	幼稚園	保育所
「幼保連携型」 「幼稚園型」 「保育所型」 「地方裁量型」	新制度未移行の幼稚園は、別に私学助成があります。	私立保育所に対しては、「給付費」ではなく「委託費」を支弁します（後述）。
0〜5歳	3〜5歳	0〜5歳

◎地域型保育給付：原則0〜2歳

　小規模保育事業所、家庭的保育事業所、事業所内保育事業所、居宅訪問型保育事業所を対象とした財政支援です。

　この4つのタイプの事業所は、市区町村（≒地域）が認可する事業ですので、施設型給付とは別に"地域型"保育給付として取り扱います。

※満3歳を迎えた年度末まで（0〜2歳児）の利用が原則ですが、満3歳を迎えた年度を超えてもなお、受け入れ先の確保が困難な場合につ

いては、満4歳を迎える年度中に受け入れ先を確保することを基本として、市区町村がやむを得ないと判断する場合に限り、引き続き利用することは可能です。ただし、利用に関しては、3号認定の利用定員範囲内での受け入れが原則です。これに対する給付を特例給付と呼びます。

特定教育・保育施設の種類

◎認定こども園：0〜5歳

認定こども園には、4つの施設類型があります。
「就学前の子どもに関する教育、保育等の総合的な提供の推進に関する法律」（以下、「認定こども園法」という）に基づき、認可を行います。

【幼保連携型】

「幼保連携型認定こども園」として、幼稚園と保育所の機能を一体的に果たす施設です。学校としての位置づけと児童福祉施設としての位置づけを合わせ持ちます。

幼保連携型認定こども園

設置主体：国・自治体・学校法人・社会福祉法人

【幼稚園型】

認可を受けた幼稚園が、保育所としての機能をプラスすることで認定こども園になるタイプ。学校教育法に基づく「学校」の位置づけです。

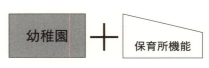

設置主体：国・自治体・学校法人

【保育所型】

認可を受けた保育所が、幼稚園としての機能をプラスすることで認定こども園になるタイプ。児童福祉法

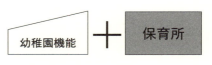

設置主体：問わない

に基づく「児童福祉施設」の位置づけです。

【地方裁量型】
　認可外保育施設が、幼稚園機能と保育所機能を備えることで、認定こども園としての機能を果たすタイプ。認定こども園ではあるものの、扱いとしては認可外保育施設扱いとなります。

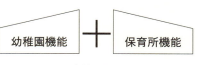

◎幼稚園：3～5歳
　学校教育法に基づく「学校」の位置づけです。法的には、「満3歳から小学校就学の始期に達するまでの幼児」が利用可能です。幼稚園教育要領に基づく教育を行います。

◎保育所：0～5歳
　児童福祉法に基づく「児童福祉施設」の位置づけです。原則的には、保護者が日中就労などの理由により、保育所での保育を必要とする世帯が利用可能です。保育所保育指針に基づいた保育を行います。ちなみに、法的には「保育園」ではなく「保育所」と呼びます。

◎家庭的保育事業所：0～2歳
　地域型保育事業の1つで、「家庭的保育者」による保育事業です。「保育ママ」と呼ばれることもあります。その保育者の居宅または別の場所で少人数保育を行います。
　家庭的保育者になるには、市区町村の認定を受ける必要があります。保育士免許等は、市区町村の掲げる要件により必要になることもあります。

◎小規模保育事業所：0～2歳
　地域型保育事業の1つで、定員6人以上19人以下で原則として0～2

歳児クラスの子どもを預かります。保育士の配置基準等により、「Ａ型」「Ｂ型」「Ｃ型」に分かれています。

◎事業所内保育事業所：０～２歳

　地域型保育事業の１つで、定員設定により職員配置等の基準が異なります。定員19人までであれば小規模保育事業の「Ａ型」または「Ｂ型」と同じ基準となり、定員20人以上であれば保育所と同じ「保育所型」に区分されます。

　大きな特徴としては、「従業員枠」があり、この枠内であれば、当事業所の従業員の子どもについては、通常申込の子どもとは区分して入所できます。なお、認可基準の規定により、利用定員全員を従業員枠にすることはできません（従業員以外の世帯の子どもを受け入れるための「地域枠」を必ず設ける必要があります）。

◎居宅訪問型保育事業：０～２歳

　地域型保育事業の１つで、ベビーシッターや保育士が子どもの居宅を訪問し、１対１を基本とした保育を行います。ただし、この事業を利用するためには、３歳未満の保育を必要とする子どものうち、以下のいずれかの要件に当てはまる必要があります。

①　集団保育が著しく困難だと認められる障がいまたは疾病がある
②　保育所の閉鎖等により、保育の利用ができなくなった
③　保育所への入所勧奨を行ってもなお入所が困難であり、市区町村による入所措置の対象である
④　ひとり親家庭の保護者が夜間・深夜勤務である場合など、状況により必要な場合
⑤　へき地等でこの事業以外の保育確保が困難な地域の場合

　施設の種類をざっくりと分類したのが次ページの図です。

第 1 章 | 教 育 ・ 保 育 給 付 の 基 礎 知 識

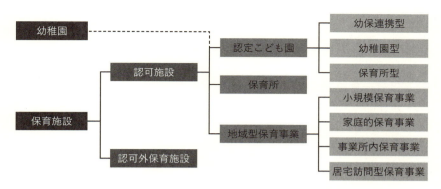

※地方裁量型認定こども園や企業主導型保育施設は、認可外保育施設の扱いとなります。

教育・保育給付の支援を受ける子どもの認定区分

　認定こども園等の教育・保育を利用する子どもについては、以下の3つの認定区分が設けられ、この区分に基づき教育・保育給付が行われます。なお、この金額については、施設・事業者が代理受領する形となります。

　教育標準時間はおおむね1日4〜5時間、保育標準時間は1日最大11時間、保育短時間は1日最大8時間、施設を利用することができます。

認定区分	給付の内容	利用定員を設定し、給付を受ける施設区分
教育（1号）認定こども 満3歳以上の小学校就学前の子どもであって、2号認定こども以外のもの （子ども・子育て支援法第19条第1号）	教育標準時間 （※）	幼稚園
		認定こども園
保育（2号）認定こども 満3歳以上の小学校就学前の子どもであって、保護者の労働又は疾病その他の内閣府令で定める理由により家庭において必要な保育を受けることが困難であるもの （子ども・子育て支援法第19条第2号）	保育短時間 保育標準時間	保育所
		認定こども園
保育（3号）認定こども 満3歳未満の小学校就学前の子どもであって、保護者の労働又は疾病その他の内閣府令で定める理由により家庭において必要な保育を受けることが困難であるもの （子ども・子育て支援法第19条第3号）	保育短時間 保育標準時間	保育所
		認定こども園
		小規模保育事業所等

※教育標準時間外の利用については、一時預かり事業（幼稚園型）等の対象となります。

「〇号認定こども」という呼び方の根拠は、これらの認定区分の法的根拠「子ども子育て支援法第19条第〇号」に基づきます。

認定区分一覧表
例：誕生日が6月10日の場合

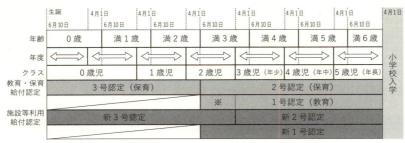

※部分は、施設が受け入れ可能な場合に限る。

保育事業者の資格──「認可」、「認定」、「確認」

　国の基準に基づく「認可」や「認定」を受けた教育・保育施設の設置者及び地域型保育事業者は、子ども・子育て支援法の規定に基づき、施設型給付費や地域型保育給付費による財政支援を受けるに足る事業者になるため、市区町村の「確認」を受ける必要があります。この「確認」を受けて初めて、特定教育・保育施設や特定地域型保育事業者になることができます。

　特定教育・保育施設及び特定地域型保育事業者になるには、
① 　児童福祉法等を根拠とする施設・事業の「認可」、または認定こども園法等を根拠とする施設の要件を満たす「認定」
② 　子ども・子育て支援法による「確認」(第31条、43条)
の両方を受ける必要があります。

	実施権者	特徴
認可	施設所在地の都道府県 （地域型保育事業に関して は市区町村）	保育室の面積要件や給食設備等のハード面、保育士・保育教諭の配置等のソフト面について、認可基準を満たしていると認められること。
認定		
確認	市区町村	認可を受ける施設に対し、市区町村の子育て支援計画や近年の児童数の実態に即した利用定員を定めた上で、運営基準を満たしていると認められること。

○**教育・保育施設**…認可または認定を受けた幼稚園・認定こども園・保育所
○**特定教育・保育施設**…市区町村が施設型給付費の対象と「確認」した
　　　　　　　　　　　教育・保育施設
○**家庭的保育事業等**…認定を受けた家庭的保育事業・小規模保育事業・
　　　　　　　　　　居宅訪問型保育事業・事業所内保育事業
○**特定地域型保育事業者**…市区町村が地域型保育給付費の対象と「確認」
　　　　　　　　　　　した家庭的保育事業等

認可定員と利用定員

　似ているようで別モノのこの２つの定員区分について説明します（ここでは幼保連携型認定こども園の場合とします）。

◎認可定員とは
　認可定員とは、「就学前の子どもに関する教育、保育等の総合的な提供の推進に関する法律施行規則」第16条第４号に規定されている利用定員のことです。幼保連携型認定こども園の運営に関する規程（園則）に記載されなければならない定員です。
　要はその施設が認可（認定）されるために都道府県に申請した定員のことで、面積要件や職員配置等に基づいて考えるため、基本的にはその施設の最大受入能力の意味合いが強いものです。
　「子ども・子育て支援法に基づく教育・保育給付認定等並びに特定教

育・保育施設及び特定地域型保育事業者の確認に係る留意事項等について（令和5年3月31日改正現在）」の第3にある程度説明されていますが、法的に「認可定員」という言葉そのものが定義されているわけではありません。

◎利用定員とは

　子ども・子育て支援法第31条に基づき、施設型給付費の支給に係る施設として市区町村が確認する際に定めた定員のことです。認定区分ごと（3号認定についてはさらに0歳、1・2歳に分ける）に設定する必要があります。

　利用定員は、各市区町村の子ども・子育て支援計画等を基に設定します。そしてこの利用定員の設定が、給付費の単価水準に直接影響します。

　また、特定教育・保育施設及び特定地域型保育事業並びに特定子ども・子育て支援施設等の運営に関する基準第20条第6項により、施設の「運営規程」に記載する必要があります。

　あくまで基準の上での話ですが、認可定員は最大受入能力数、利用定員は施設の近年の児童数や自治体の計画等に合わせて設定することから、認可定員と利用定員の大小の関係は以下のとおりとなります。

$$（認可定員）≧（利用定員）$$

　認可定員と利用定員は同数となることが大原則ですが、児童数が将来にかけて減少することが見込まれる場合などの理由により、利用定員のみを減少することもあります。

第1章 教育・保育給付の基礎知識

2 給付の基本構造

給付費の基本構造を理解する

施設型給付、地域型保育給付の基本構造は、公定価格から利用者負担額を差し引いた額となります。この基本構造は、保育所に関わる「委託費」も同様です。

大前提！

給付費 ＝ 公定価格 － 利用者負担額

※ここでの給付費は、実際に施設に施設型給付費等として支払われるもの（公定価格から保護者が支払った利用者負担額を差し引いたもの）をいいます。

給付費は、保護者における個人給付を基礎とします。つまり、一人ひとりについて給付費を計算します。そして、その金額を確実に教育・保育に要する費用に充てるために、保護者に直接給付せず、市区町村から直接在籍施設に支払います。これを法定代理受領といいます。

ただし、私立保育所に関しては、保育所における保育は市区町村が実施すること（児童福祉法第24条）とされているので、法定代理受領ではなく、利用者負担額を施設が所在する市区町村が徴収し、給付費として計算される部分と利用者負担を合わせた全額（公定価格と同額）が「委託費」として支払われます。「委託費」は児童が居住する市区町村が支払います。

「保育所の保育は市区町村がやること！」という法的な規定があり、市区町村が民間法人に保育を「委託」しているため、「給付費」ではなく「委託費」になります。

> 私立保育所に関しては、
> 利用者負担額 ⇒ 保護者（児童）が居住する市区町村に支払う
> 委託費 ⇒ 保護者（児童）が居住する市区町村が施設に支払う

公定価格とは？

　公定価格とは、法的にいうと「内閣総理大臣が定める基準により算定した費用の額」と規定される金額です。子ども・子育て支援法第27条や第29条などに何度も出てくる表現です。要は"国が決めたルールで計算した金額"です。

　国が定める基準は、子ども1人あたりの教育・保育に通常必要となる費用（人件費や事業費、管理費など）を基に算定されています。

　もう少し詳しく説明します。

① 在籍児童の年齢
② 在籍児童の認定区分及び給付内容（認定区分や保育必要量）
③ 在籍する施設がどこに所在するか（地域区分）
④ 利用定員は何人の施設か
⑤ 施設がどんな保育の取り組みをしているか（○○加算etc.）

（⑤で園の個性が大きく出ます！）

　上の5つの情報のうち、①～④を基に基本分単価を算定し、⑤を基に各種加算の単価を積み上げます。これによりその在籍児童の公定価格が算定されます。これを各月初日時点の在籍児童全員分算定し、在籍児童全員分の利用者負担額を差し引くと、各月の給付費が算出されます。

　この公定価格には人件費が含まれていることから、その年度の人事院勧告により、算定根拠となる単価が改正されることがあります。これを

第 1 章 | 教育・保育給付の基礎知識

「改定価格」と呼びます。原則としては、改定価格は当年度の4月から遡及して対応することになります。

公定価格は地域区分で8段階に分かれる

教育・保育給付に係る公定価格は、8つの区分（地域区分）に分類されています。公平性、物価の地域差、ほかの社会保障分野との整合性を合わせ持つしくみです。

地域区分は、基本的には国家公務員または地方公務員の地域手当の基準に準拠して設定されます。なお、国家公務員の地域手当は、国の官署が所在する地域の民間の賃金水準を基に算定するか、国の官署がない地域は、総務省が指定する地方公務員の地域手当の支給地域等を用いて決定されます。

おおむね、平均賃金水準が高いほど地域区分も高くなる傾向があります。

地域手当の支給基準 （令和6年度時点）

級地区分	支給割合	10か年平均賃金指数
1級地	20%	東京都特別区
2級地	16%	109.5 以上
3級地	15%	106.5 以上 109.5 未満
4級地	12%	104.0 以上 106.5 未満
5級地	10%	101.0 以上 104.0 未満
6級地	6%	97.5 以上 101.0 未満
7級地	3%	93.0 以上 97.5 未満

子ども・子育て制度の地域区分

地域区分
20/100 地域（1級地に対応）
16/100 地域（2級地に対応）
15/100 地域（3級地に対応）
12/100 地域（4級地に対応）
10/100 地域（5級地に対応）
6/100 地域（6級地に対応）
3/100 地域（7級地に対応）
その他地域（支給のない地域に対応）

027

○単価を比較してみよう

【例１】認定こども園　１号定員15人の場合の４歳以上児の基本分単価の比較

　基本分単価は人件費以外の部分も含まれています。人件費は公定価格のおおむね80％程度なので、20/100地域とその他地域の差はおおむね16％程度です。

例１　基本分単価

地域区分	価格
20/100 地域	91,380 円
16/100 地域	88,990 円
15/100 地域	88,390 円
12/100 地域	86,590 円
10/100 地域	85,390 円
6/100 地域	82,990 円
3/100 地域	81,200 円
その他地域	79,400 円

【例２】認定こども園　１号定員15人の場合の副園長・教頭配置加算単価の比較

　職員の配置に関わる加算は、基本的に人件費がベースとなるので、差額の割合と地域区分の割合は同程度となります。

例２　副園長・教頭配置加算

地域区分	価格
20/100 地域	7,150 円
16/100 地域	6,890 円
15/100 地域	6,830 円
12/100 地域	6,630 円
10/100 地域	6,510 円
6/100 地域	6,250 円
3/100 地域	6,060 円
その他地域	5,870 円

○地域区分の特殊な考え方

　基本的な地域区分で分けた結果生じてしまう市区町村の境目による差を少しでも和らげるため、隣接する市区町村の状況により、特殊な決め方をする場合があります。

【パターン①】

　国家公務員の地域手当設定がない市区町村について、「設定あり市区町村」に囲まれているまたは複数隣接する場合には、隣接する「設定あり市区町村」のうち最も低い区分で設定します。

【パターン②】

　「設定あり市区町村」に隣接する市区町村がすべて高い区分の場

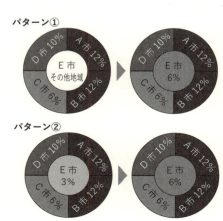

合は、囲んでいる市区町村の地域区分のうち、最も支給割合が近い地域に引き上げます。

【パターン③】

①②の補正ルール適用後の地域区分を前提に、公務員の地域手当の設定の有無にかかわらず同一都道府県内で高い地域区分の地域にて囲まれている場合→同一都道府県内の囲まれている地域

パターン③

【パターン④】

公務員の地域手当の設定がない地域で、①②の補正ルール適用後の地域区分を前提に、当該地域よりも高い地域区分の地域が複数隣接しており、かつ、その中に4級地以上の級地差がある地域が含まれている場合
→当該地域よりも高い隣接地域のうち、最も近い区分まで引き上げ

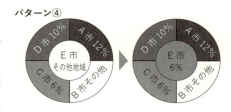
パターン④

絶対です

○地域区分について注意すべきこと

施設の所在する自治体の地域区分は絶対に間違えてはいけません。

毎年どこかの市区町村において改正があるかもしれませんので、地域区分は最初にチェックするようにしましょう。

基本分単価に含まれているものは何か？

コレです

地域区分 ①	定員区分 ②	認定区分 ③	年齢区分 ④	保育必要量区分 ⑤		処遇改善等加算Ⅰ	
				保育標準時間認定 基本分単価 (注1) ⑥	保育短時間認定 基本分単価 (注1) ⑥	保育標準時間認定 (注1) ⑦	保育短時間認定 (注1) ⑦
	10人まで	2号	4歳以上児	229,290 (236,520)	180,130 (187,360) +	2,270 (2,340) ×加算率	1,780 (1,850) ×加算率
			3 歳 児	236,520 (295,710)	187,360 (246,550) +	2,340 (2,830) ×加算率	1,850 (2,340) ×加算率
		3号	1、2歳児	295,710 (368,040)	246,550 (318,880) +	2,830 (3,560) ×加算率	2,340 (3,070) ×加算率
			乳 児	368,040	318,880 +	3,560 ×加算率	3,070 ×加算率
	11人から20人まで	2号	4歳以上児	124,310 (131,540)	99,730 (106,960) +	1,220 (1,290) ×加算率	970 (1,040) ×加算率
			3 歳 児	131,540 (190,730)	106,960 (166,150) +	1,290 (1,780) ×加算率	1,040 (1,540) ×加算率
		3号	1、2歳児	190,730 (263,060)	166,150 (238,480) +	1,780 (2,510) ×加算率	1,540 (2,270) ×加算率
			乳 児	263,060	238,480 +	2,510 ×加算率	2,270 ×加算率

出典：こども家庭庁「令和6年度公定価格単価表」別表第2を一部加工して作成

　公定価格における基本分単価ですが、単価表にはそれこそ「基本分単価」としか書かれていません。この中には以下に記載した費用が算定の根拠として盛り込まれています。

　1号と2・3号の基本分単価の根拠は、各施設の制度を踏まえ一部異なりますが、基本的に同水準です。

1号		内 容
事務費	人件費	(1) 常勤職員給与 本俸、教職調整額、諸手当、社会保険料事業主負担分等 (2) 非常勤職員雇上費 学校医や学校歯科医、薬剤師の手当、非常勤職員雇上費（講師・事務職員など）、年休代替要員費
	管理費	〈職員数に比例して積算〉 旅費、庁費、職員研修費、職員健康管理費、業務委託費 〈子どもの数に比例して積算〉 保健衛生費、減価償却費 〈1施設あたりの費用として積算〉 補修費、特別管理費、苦情解決対策費
事業費		保育材料費等

2・3号		内 容
事務費	人件費	(1) 常勤職員給与 本俸、特別給与改善費、特殊業務手当、諸手当、社会保険料事業主負担分等 (2) 非常勤職員雇上費 学校医や学校歯科医、薬剤師の手当、非常勤職員雇上費（保育士・事務員・調理員など）、年休代替要員費
	管理費	〈職員数に比例して積算〉 旅費、庁費、職員研修費、職員健康管理費、業務委託費、被服費、業務省力化等勤務条件改善費 〈子どもの数に比例して積算〉 保健衛生費 〈1施設あたりの費用として積算〉補修費、特別管理費、苦情解決対策費
事業費		保育材料費等

※人件費部分は、施設区分及び定員区分に応じた必要職員数を加味して算定されています。そのため、施設規模に応じた適切な職員数を設定しており、かつ設定した定員程度の子どもの在籍があれば、定員の大小に関係なく、運営できる設計になっています。

給付費の請求

　給付費は、基本的には毎月支払うものです。原則は、毎月初日時点の状況（在籍児童数や加算取得状況）を確認し、請求します。ただし、正式に加算の認定を行うタイミングが年度後半になることと、最終的に公定価格の改定も想定されることから、毎月の支払いはあくまで概算払いということになります。

　最終的には、施設の加算適用状況と各月の在籍児童実績を見て、改定価格上で年度精算を行います。

○私立認定こども園・地域型保育事業所の場合

　給付費の請求は、公定価格から保育料を差し引いた分を支払います。

給付費 ＝ 公定価格 ― 保育料

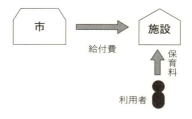

○私立保育所の場合

　保育料を市区町村が徴収するため、給付費（＝委託費）として公定価格全額を支払います。

給付費（委託費）＝公定価格

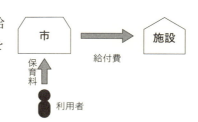

○公立の場合

　公立施設は給付費ではなく、地方交付税措置となります。ただし、そこに充てられるのは、あくまで当該自治体居住児童分のみのため、他自治体から受託児として受け入れた分に関しては、受託児を受け入れた市区町村が受託元の自治体に請求を行います。

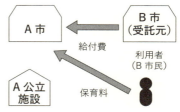

　なお、この請求に関しては、給付費ルールのもとで計算します。公立

に関しては、認定こども園も保育所も考え方は同じです。給付費の請求は、公定価格から保育料を差し引いた分を支払います。

請求額　＝　公定価格　―　保育料

A市で教育・保育の事務を行っているとして…

覚えましょう！

給付費の支払い方向		A市の児童		市外児童
		市内施設	市外施設（委託）	市内施設（受託）
公立	保育所	―	他市区町村がA市に請求 （請求額＝公定価格-利用者負担額）	A市が他市区町村に請求 （請求額＝公定価格-利用者負担額）
	認定こども園	―		
	小規模等	―		
私立	保育所	施設がA市に請求 （請求額＝公定価格）		施設が他市区町村に請求 （請求額＝公定価格）
	認定こども園	施設がA市に請求 （請求額＝公定価格-利用者負担額）		施設が他市区町村に請求 （請求額＝公定価格-利用者負担額）
	小規模等			

　給付費は市内施設だけではなく、市外施設や市外自治体へ支払うケースもあります。もちろん市外自治体から払ってもらうケースもあります。実は、施設の種類によって、「誰に」、「どこまで払うか」が変わってきます。これが非常にややこしいポイントです。施設区分（保育所、認定こども園、地域型保育事業所等）と、公立か民間かでまったく変わります。ミスにつながってしまうため、上の表をしっかり覚えておきましょう。

　また、自治体によって受委託のルールが違うことも多々あります。民間施設の請求書を自治体が一括して作成しているところもあれば、民間施設は一切ノータッチのところ、そもそも事実上受委託をしていないところもあります。自治体それぞれ独自にルールを定めている可能性があるので、誤解が生じてトラブルにならないよう、担当者間でお互いのルールをすり合わせておく必要があります。

※正確には、自治体間の支払いは給付費ではなく委託費ですが、自治体担当者の事務処理上一緒に処理をすることが多いため、説明上、同じ取扱いとしています。

> ### Column 自治体間の助け合い
>
> 　三木市は兵庫県の北播磨という地域にあります。北播磨地域には、三木市のほかに小野市、加東市、加西市、西脇市、多可町があり、年に１度、この５市１町の保育関係の事務担当者が集まる会議が開催されています。議題は各自治体がその時に気になるテーマを持ち寄るのですが、給付事務の話題は必ず出ます。ここで、「ああ、困っているのは自分だけじゃないんだな」と少し気持ちが楽になることもありましたし、具体的にわからないことの教示や、認識間違いを指摘してもらえたこともあります。
>
> 　職員は増えずに業務だけ増えるような時代ですが、自治体間でこういう助け合いができる関係性は、これからもとても大事なのではないかなと思います。

給付費における国や地方の負担割合

　給付費において国・都道府県・市区町村がそれぞれ負担する割合は、認定区分ごとに異なります。なんとなく、給付費は国が２分の１、都道府県と市区町村が４分の１を負担するイメージがあると思います。もちろん大きな枠組みとしてはこのイメージなのですが、厳密には少し違うんだよ、ということをここで説明します。

教育（１号認定）の施設型給付の構造

　子ども・子育て支援新制度より前の時代の、私立幼稚園に係る財政支援のうち、「私学助成」といわれる、いわゆる経常費にあたる部分は、国と負担を分ける一般補助や就園奨励費補助に加え、都道府県によっては独自の上乗せ給付等をしていたことにより、地域によってかなりばらつきがありました。

　これが新制度により一本化されましたが、国の負担割合が急激に増えないように、そして地域間のばらつきを時間をかけて均していくことを

目的に、公定価格の給付費にあたる部分は当面の間、全国統一費用部分（国が負担する部分）と地方単独費用部分（国が負担しない部分）に分かれることになりました。

　なお、給付費のうち、全国統一費用部分については、令和6年度は74.9％と規定されています。この割合は、年度ごとに改正される可能性があります。185ページに記載している根拠法令を確認するようにしましょう。

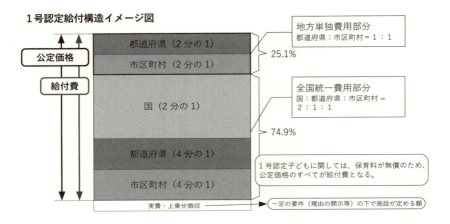

1号認定給付構造イメージ図

保育（2・3号認定）の施設型給付の構造

　2・3号認定の給付費については、1号認定の時のような地方単独費用部分はありませんが、3号認定の国や県、市区町村の負担部分については、事業主拠出金を充当しています。

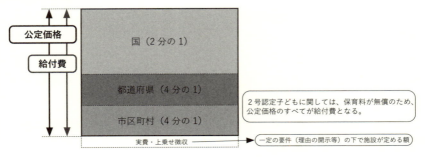

2号認定給付構造イメージ図

3号認定給付構造イメージ図

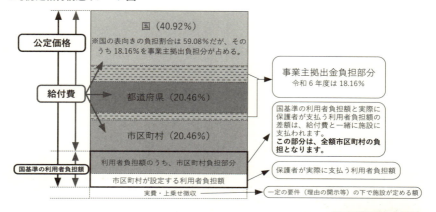

事業主拠出金って？

政府が子育て支援を進めるために徴収している企業の負担金です。「社会全体で子育て支援にかかる費用を負担する」という考えで、従業員の厚生年金と一緒に徴収されます。ただし、この部分は事業主の全額負担です。

使い道は限定されていて、児童手当や０～２歳児に係る給付費補助、企業主導型保育事業など、子育て施策の財源に充てられます。

割合は、子ども・子育て支援法施行令第24条の２に明記されています。

利用者負担額とは？

利用者負担額とは、法的にいうと、「政令で定める額を限度として市区町村が定める、保護者が負担すべき額」(子ども・子育て支援法第27条第３項第２号) と規定される金額です。利用者負担額はいくつかの階層に分かれて金額が設定されています。基本的には保護者の所得に応じて階層が決まり、金額が決まります。一般的には「保育料」と呼ばれます（本書でも、これ以降は利用者負担額を「保育料」と表現します）。

公立の施設と私立保育所に関しては市区町村が、私立の施設（保育所除く）に関しては施設が徴収します。

なお、3～5歳児全員と、市民税非課税世帯の0～2歳児は、保育料はかかりません。

◎保育料の徴収

公私区分、施設区分、対象児童が市内に住んでいるか市外に住んでいるかにより、取扱いが変わります。

A市で教育・保育の事務を行っているとして…

保育料 徴収主体一覧		A市の児童		市外児童	
		市内施設	市外施設 （委託）	市内施設 （受託）	市外施設
公立	保育所	A市	当該自治体	A市	当該自治体
	認定こども園	A市	当該自治体	A市	当該自治体
	小規模等	A市	当該自治体	A市	当該自治体
私立	保育所	A市	A市	当該自治体	当該自治体
	認定こども園	施設	施設	施設	施設
	小規模等	施設	施設	施設	施設

◎保育料の算定

慣れたら読もう

保育料は、保護者の市民税所得割額の合計により決定します。

通常の市民税所得割額は、対象年度の収入から「所得」を計算し、所得控除を差し引いた後の課税所得金額に税率を乗じ、その後に各種税額控除（調整控除、配当控除、外国税額控除、住宅借入金等特別税額控除（いわゆる住宅ローン控除）、寄附金税額控除（ふるさと納税等）、配当割額控除、株式等譲渡所得割額控除）を差し引いて算出します。

一方、保育料算定に係る市民税所得割額は、税率を乗じるところまでは同じですが、その後の税額控除は、調整控除のみを適用します。

これにより算定された所得割額を、対象児童が居住する自治体の保育料規定に照らし合わせ、階層を決定することで保育料が決まります。保育料の算定は、教育・保育のあらゆる業務に影響しますので、細心の注意を払って計算していく必要があります。

ざっくりした流れは以下のとおりです。

① **算定対象者の確認**

② **階層の算定**

③ **家庭状況の確認（ひとり親、障がい者同居、生活保護等）**

④ **兄弟姉妹関係の確認、国の多子軽減ルールの確認**

⑤ **市区町村の独自の軽減措置がある場合は算定に加える**

⑥ **保育料が決定！**

①～⑥の流れについて、以下に詳しく解説していきます。

［例］

4人家族で、父母ともフルタイム勤務の給与所得者、0歳児（3号標準時間認定）と4歳児（2号標準時間認定）の子どもの場合

※父給与収入：600万　母給与収入：400万　標準的な所得控除とする

　税額控除：父は住宅ローン控除136,500円が市県民税上は控除されている。調整控除は父母ともに2,500円。

　市民税：県民税＝6％：4％　の自治体に住んでいる。

居住する市の保育料規定が下表のような形だとすると……

階層	定義	保育料月額（単位：円）	
		3歳未満児	
		標準時間	短時間
A	生活保護法（昭和25年法律第144号）による被保護世帯（単給世帯を含む。）及び中国残留邦人等の円滑な帰国の促進並びに永住帰国した中国残留邦人等及び特定配偶者の自立の支援に関する法律（平成6年法律第30号）による支援給付受給世帯並びに児童福祉法（昭和22年法律第164号）第6条の4第1項に規定する里親である教育・保育給付認定保護者の世帯	0	0
B1	A階層を除き、市民税非課税世帯	0	0
B2	A階層及びB1階層を除き、市民税所得割非課税世帯	7,000（3,500）	6,800（3,400）
C	48,600円未満	16,500（8,200）	16,200（8,100）
D1	48,600円～72,800円未満	20,400（10,200）	20,000（10,000）
D2	72,800円～97,000円未満	26,100（13,000）	25,600（12,800）
D3	97,000円～133,000円未満	30,000（15,000）	29,400（14,700）
D4	133,000円～169,000円未満	38,800（19,400）	38,100（19,000）
D5	169,000円～235,000円未満	44,500（22,200）	43,700（21,800）
D6	235,000円～301,000円未満	52,600（26,300）	51,700（25,800）
D7	301,000円～349,000円未満	57,500（28,700）	56,500（28,200）
D8	349,000円～397,000円未満	61,000（30,500）	59,900（29,900）
D9	397,000円以上	65,500（32,700）	64,300（32,100）

（C～D9の定義欄：A階層を除き、市民税所得割課税世帯であって、その市民税所得割の額の区分が次の区分に該当する世帯）

① 算定対象者の確認

　税額参照の対象となるのは児童の「保護者」です。保護者とは、「親権を行う者、未成年後見人その他の者で、子どもを現に監護する者」（子ども・子育て支援法第6条第2項）をいいます。要はその子どもの面倒を見ている人です。「父母」の世帯が大半ですが、父母以外の同居の扶養義務者（以下、「祖父母等」という）の同居状況などを確認していくことが必要です。なお、法に規定されていないことについては、自治体内でルール作りをしておくことが重要です。保護者や同居の定義など、確認しておきましょう。

【父母以外に対象となる人が存在するパターン】

> 三木市ではこのように決めています

　対象子どもが属する世帯の生計が、父母以外の同居の祖父母等の収入によって成り立っていると認められるときは、祖父母等のうち最も収入の高い者を家計の主宰者であると認め、算定対象者とします。この「父母以外の同居の祖父母等の収入によって成り立っていると認められる」場合については、父母の月間収入が10万円未満（ひとり親の場合は5万円未満）であって、かつ祖父母等のうち月間収入が5万円以上である者がいる場合のことと決めています。

② 階層の算定

父………給与収入600万円 ➡ 給与所得436万円、所得控除100万円として
　　　　　⇒課税総所得金額：336万円

　　　　税額控除前所得割額：336万円 × 10％ ＝ 336,000円

　　　　　住民税所得割額：336,000円 － 136,500円 － 2,500円 ＝ 197,000円
　保育料算定時は、住宅ローン控除分は適用しないので、保育料算定用の市民税所得割は、

　　　　（197,000円 ＋ 136,500円）× 10分の6 ＝ 200,100円………①

母………給与収入400万円 ➡ 給与所得276万円、所得控除100万円として
　　　　　⇒課税総所得金額：176万円

税額控除前所得割額：176万円 × 10% ＝ 176,000円

住民税所得割額：176,000円 － 2,500円 ＝ 173,500円

保育料算定用の市民税所得割：173,500 × 10分の6 ＝ 104,100円⋯⋯②

①＋② ＝ 200,100円 ＋ 104,100円 ＝ 304,200円

➡これがこの世帯の保育料算定における所得割合算額になります。

　これを市区町村の規定に当てはめ、保育必要量と合わせて階層を決めていきます。

　とにかく気をつけたいのは、住宅ローン控除などの個人的な税額控除を絶対に適用させないことです。

絶対です

個人的な税額控除は、絶対に、適用してはいけません。

③　家庭状況の確認（ひとり親、障害者同居、生活保護等）

　保護者が「特定教育・保育給付認定保護者」であるかどうか（児童または保護者が「要保護者等」に該当する世帯かどうか）を確認します。

- ・　ひとり親世帯
- ・　身体障害者手帳、療育手帳または精神障害者手帳の所有者がいる世帯
- ・　特別児童扶養手当、障害基礎年金等を受給している世帯
- ・　要保護が必要と認められた世帯

④　兄弟姉妹関係の確認、国の多子軽減ルールの確認

●きょうだい順位（その子どもは何人目？）のカウント方法

【チェックポイント】

□世帯の子どもの年齢

□年収360万円未満相当世帯に該当するかどうか

(1) 1号認定児童の場合

① 小学校3年生までの児童を上からカウントする。

② ①にかかわらず、市民税所得割合算額が77,101円未満の世帯は、カウント年齢上限はなし。

(2) 2号・3号認定児童の場合

① 就学前の児童を上からカウントする（小学生以上の児童はカウントしない）。

② ①にかかわらず、市民税所得割合算額が57,700円未満の世帯は、カウント年齢上限はなし。

※1号・2号認定児童は国の制度として無償化されていますが、副食費徴収免除加算対象かどうかの判定のため、階層決定は必要です。

⇒例の場合、上の子は1人目、下の子は2人目になります。

●国の多子軽減ルール：兄や姉が認可施設等に在籍している場合、

① 2人目は半額

② 3人目以降は無償

③ ①、②にかかわらず、市民税所得割合算額が77,101円未満で、児童または保護者が要保護者等に該当する世帯の場合、1人目が半額、2人目以降は無償。

⇒例の場合、下の子は2人目なので、半額にする処理が行われます。

⑤ 市区町村の独自の軽減措置がある場合は算定に加える

市区町村の独自の軽減措置がある場合は各自治体の施策に基づいた計算方法で処理します。「最後に〇割軽減する」「2人目以降は無償化」など、各自治体の特色が出る部分です。すべての算定が終わった後に市区町村等の独自施策ルールを適用するパターンが多いですが、これは自治体次第になりますので、在籍する自治体の保育料算定ルールに基づいて計算を進めていきましょう。

⇒今回の例では、ここは「独自施策なし」で進めます。

⑥ **保育料が決定！**

　ここまで確認して、やっと保育料が確定します。

　例の場合、世帯階層はＤ７で、上の子は４歳児のため無償、下の子は多子軽減の処理により、Ｄ７保育標準時間の保育料57,500円を半額にするので、月額28,700円になります。

【税額年度の変更による保育料の算定について】

　保育料の決定時期は、入園月のほかに年に２回（４月・９月）あります。４月は進級による年齢変更、９月は課税年度の変更により決定し直します。

　利用者負担額一覧表の年齢区分は、４月１日の満年齢で決定し、年度中の変更はありません。

令和Ａ年度	令和Ｂ年度		令和Ｃ年度
９月分〜翌年３月分	４月分〜８月分	９月分〜翌年３月分	４月分〜８月分
令和Ａ年度の 市民税課税資料に基づき 市民税所得割額を算定		**令和Ｂ年度の** 市民税課税資料に基づき 市民税所得割額を算定	

> **Column** 「保育料」完全無償化が
> もたらすもの

　自治体の魅力アップの大きな武器となっている「保育料無償化」。三木市でも独自で保育料を設定し、その上で「1人目から半額！」のような保育料の設定や、「副食費の無償化」を行っています。市内の子どもたちの保育料などを自治体が一手に引き受けるのですから、とても大きな話です。

　ただ、よく言われるのが、「園に入れないと意味がない」。

　耳の痛い話ですが、たしかにその必要な予算を、たとえば児童手当の追加や家庭保育を選択した方への補助など、保育料軽減以外の子育て施策に特化する方法もあるかもしれません。もちろん、自治体の規模や状況、バランスにもよるんですけどね。

　また、「保育料無償化」ということは、ほぼ確実に施設への入所希望が増えることになります。すべての就学前子どもの受け入れができるような市区町村計画を作ることができればいいですが、なかなか難しいです。

保育料の運用で注意したいこと

しつこいですが絶対です

　保育料は、自治体担当者の事務のさまざまなところに顔を出します。保護者が支払うべき額の算定はもちろんですが、副食費免除の階層判定や、国・都道府県の給付費負担金の算定にも多大な影響を与えます。ここの算定や運用方法を誤ってしまうと、大きなトラブルに発展しますので、特に注意して運用しましょう。

●保育料の算定時に気をつける

　お試し計算の際にも説明しましたが、保育料算定における市民税所得割額の考え方において、「税額控除」については、適用するものと適用しないものに分かれます。

　誤って適用してはいけない税額控除を算定に含めないように注意しましょう。

- 課税対象者全員に関わる可能性がある「調整控除」は算定に含める。
- 住宅借入金等特別税額控除（いわゆる住宅ローン控除）や寄付金税額控除、配当控除など、個人の状況に関わる税額控除は絶対に適用しない。

●国・都道府県へ給付費負担金を交付申請するときに気をつける

　保護者が支払う保育料や、各施設に支払う教育・保育給付費は、所在する自治体の保育料の規定を適用しますが、国・都道府県の負担金を算定するときだけは、国の保育料の基準に置き換えて算定する必要があります。これを間違えてしまうと、過大に負担金を算定することになり、給付費の返還になってしまいますので間違えないようにしましょう。

●3歳以上の在籍児童に気をつける

　すべての保育料を無償化している自治体では全年齢区分に該当しますが、保育料が無償化されているからといって、階層判定をしなくてもいいというわけではありません。副食費徴収免除加算などほかのところに階層判定が影響を及ぼすため、きっちり算定しなければいけません。

●政令指定都市は住民税の税率の割合が他市と異なる点に気をつける

　一般的な市区町村の市民税率は6％、県民税率は4％です。保育料算定においてはこれを基準に算定を行います。ところが、道府県費負担教職員の給与負担事務が道府県から政令指定都市に事務移譲されたことに伴い、その財政措置のため、平成30（2018）年度課税分から、政令指定都市の市民税率は8％（県民税率は2％）になりました。そのため、政令指定都市で保育料を算定する際には、市民税率を6％に割り戻して算定する必要がありますので注意が必要です。

　また、保育料算定の際に、必要に応じて他市へ所得照会等を行うことがあります。この時に所得照会対象市が政令指定都市の場合、データも8％で送られてきます。このデータについても市民税率を6％に割り戻す必要がありますので注意しましょう。

> **Column**

保育料で保育時間を
買っているわけではありません

　保護者とのトラブルの1つですが、「園の開所日は平日・土曜日問わず、保育標準時間なら11時間、限界まで預けなきゃ損、利用しない日の分の保育料は返してほしい」と考える方がたまにいらっしゃいます。

　国は、利用者全員が認定の限界まで利用してもらう想定はしていません。子ども・子育て支援制度を取りまとめるタイミングでも、国は「新たな基準に基づく保育の実施に当たっては、保護者が、その就労実態等に応じ、子どもの健全な育成を図る観点から必要な範囲で利用できるようにすることが制度の趣旨であることを周知し、共通認識とすること」という付帯意見をつけました。

　どういうことかというと、仕事がない日まで無理に施設を利用するのではなく、ちゃんと家庭保育の時間を大事にしてね、ということです。そして保護者は、保育料の支払いをもって、11時間×週6日の時間を購入したわけではないということを認識する必要があります。

　これは教育・保育に関わるすべての方々（園、保護者、行政）の共通認識としておきたいところです。

第 2 章

基本配置を知ろう

認定こども園、幼稚園、保育所など、教育・保育を行う施設にはいろいろな種類があることは前章で説明しました。

　その施設には、教育・保育の質を維持し、子どもたちの安全な環境を整備するために、保育士や保育教諭はもちろん、その他さまざまな職員が必要です。その職員の必要数や構成は施設の種類ごとに異なります。「この職種の者を配置しなければならない」「この職種の者を配置することができる」など、法令等の言い回しやその他補足資料を把握することで、その職種の配置が義務なのか、それともオプションなのかを判断する必要があります。

　基本的には国の配置基準を適用しますが、地域の状況等によっては、自治体独自でより厳しい基準を設け、運用することも可能です。

　この章では、そんな職員配置のルールを説明します。万が一、配置していなければ「認可」の是非や業務停止命令など重い処分になりかねないものもあれば、給付上の減算措置＋指導になるものもあります。留意する必要がある業務です。

　ここでは、国の配置基準をベースに説明していきます。

第 2 章 | 基本配置を知ろう

・ 1 基本分単価に含まれる職員構成 ・

　ここでは、施設区分ごとの職員構成について説明していきます。まずは、共通して理解しておくべきことについて説明します。

年齢別配置基準

　年齢別配置基準とは、保育士等が 1 人あたり対応できる子どもの数に関する規定です。年齢区分により内容が異なります。令和 6 年度から、年齢別配置基準が一部見直されることになりました。

(令和 5 年度まで)

年齢区分	保育士 1 人あたりの子ども数
乳児 (0 歳児)	3 人
1・2 歳児	6 人
3 歳児	20 人
4・5 歳児	30 人

※保育士は最低でも 2 人以上

年齢区分	保育士 1 人あたりの子ども数	いつから?
乳児 (0 歳児)	3 人	
1 歳児	5 人	令和 7 年度以降
2 歳児	6 人	
3 歳児	15 人	令和 6 年度
4・5 歳児	25 人	令和 6 年度

※保育士は最低でも 2 人以上

　見直しは法的な部分のため、基本的には新基準で対応していくことが原則です。

　ただし、この新基準は基本分単価に算入されているわけではなく、加算によって対応することになります。4 歳児以上クラスについては「4 歳以上児配置改善加算」、3 歳児については「3 歳児配置改善加算」で対応します。また、加算のことを説明している国通知においても、年齢別配置基準は旧の基準になっています。そのため、各施設区分の年齢別配置基準についての説明は、旧基準で記載していますのでご了承ください。

　また、85 ページでも解説しますが、「4 歳以上児配置改善加算」と「チーム保育加配加算」は併給（同時に取得すること）ができないなど、

047

特殊な取扱いについても間違えずに対応していく必要があります。

　そのため、「新しい配置基準は満たしているが、加算の取得はない」という可能性があります。

　なお、経過措置として、当面の間は以前の配置基準での運営も認められています。

保育士配置基準（最低基準）の変遷

| | 1948-1951 | 1952-1961 | 1962/1963 | 1964 | 1965 | 1966 | 1967 | 1968 | 1969-1997 | 1998-2014 | 2015-2023 |
	S23-S26	S27-S36	S37-S38	S39	S40	S41	S42	S43	S44-H9	H10-H26	H27-R5
乳児	10:1	10:1	10:1 (9:1)	8:1	8:1	8:1 (7:1)	6:1	6:1	(3:1)	3:1	3:1
1歳児	10:1	10:1	10:1 (9:1)	8:1	8:1	8:1 (7:1)	6:1	6:1	6:1	6:1	6:1
2歳児	30:1	30:1 (10:1)	30:1 (10:1)	9:1	8:1	8:1 (7:1)	6:1	6:1	6:1	6:1	6:1
3歳児	30:1	30:1	30:1	30:1	30:1	30:1	30:1	30:1 (25:1)	20:1	20:1	20:1 (15:1)
4歳児	30:1	30:1	30:1	30:1	30:1	30:1	30:1	30:1	30:1	30:1	30:1
5歳児	30:1	30:1	30:1	30:1	30:1	30:1	30:1	30:1	30:1	30:1	30:1

※ 1968年までのカッコ書きは、最低基準ではなく運営費（措置費）上の定数
※ 1969-1997年の乳児（3:1）については、乳児保育指定保育所限定の配置基準
※ 2015-2023年の3歳児については、3歳児配置改善加算による配置基準

4歳以上児の配置基準は、
1948年の児童福祉施設最低基準制定以来
1度も改正されていない。

第 2 章 | 基本配置を知ろう

Column ついに見直された「基準」

　1948年に施行された児童福祉施設最低基準から約75年が経ち、一度も見直されてこなかった4歳以上児の配置基準が見直されました。やっと少し動きが出たな、と感じます。

　配置基準は高度経済成長期に一部見直されたものの、そこから改定の動きはなかなかありませんでした。働き方、女性の社会進出、預ける子どもの数など、社会がこんなに変わったのに、基準だけが見直されない。むしろ「待機児童を減らす！」を優先し、保育環境はどんどん後回しになってしまいました。

　ここまでお読みになった方は察しているかと思いますが、配置基準の見直しは、必要な予算が跳ね上がることを意味します。国により公定価格として算定されている基準は、あくまでもこの最低基準をベースにしているため、手厚い保育のために職員を多めに雇うと、どうしてもどこかに負担が出ます。法人が負担するのか、利用者から追加でお金をもらうのか……、園長先生の悩みどころです。

　ところで、基準の施行当時は1人の保母さんが10人の赤ちゃんを見ていたとのことです。とても想像がつきませんね……。

049

2 幼稚園の職員構成

　幼稚園の職員構成は、各種加算を適用する上で、必ず満たしておかなければならない最低限の条件です。下の図のすべてをクリアしている必要があります。また、幼稚園教諭免許状を持った者を、教員や教諭と呼んでいます（本書では「教諭」と呼びます。幼稚園設置基準を根拠としています）。

　今から「基本分単価に含まれる職員構成図に掲げる必要職員」（以下、「絶対必要配置職員」という）を説明します。

令和6年度時点 特定教育・保育施設等における職員配置の考え方（幼稚園）

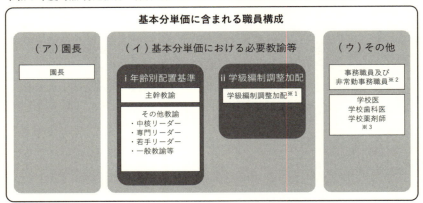

※1　学級編制調整加配は、利用定員36人以上300人以下の施設に1人。
※2　園長等の職員が兼務する場合又は業務委託する場合は配置不要。非常勤事務職員は、週2日勤務分を想定。
※3　嘱託可。

（ア）園長

　施設長のことです。学校教育法第27条により必ず配置しなければならない職員として規定されています。原則として、幼稚園教諭の一種免許状または専修免許状を持っていることが必要です。

050

（イ）教諭等

「年齢別配置基準（教諭）」：各年齢や子ども数に応じた教諭の配置基準
- 4歳児以上　　　　　：子ども30人につき教諭1人
- 3歳児及び満3歳児：子ども20人につき教諭1人

以上を念頭に、次の計算式により必要教諭数を算出します。なお、ここでの「満3歳児」とは、年度の初日における満年齢が2歳で、年度途中に満3歳に達し、入園した子どものことです。

また、以下の職員を必ず配置します。

●主幹教諭を1人

主幹教諭は、指導計画の立案や地域の子育て支援活動等を行い、園長の補佐として施設の総合的な管理運営を行います。前述の年齢別配置基準に含めることができます。

【注意】

「給付」の観点から見る場合、主幹教諭は、「年齢別配置基準に数えるべき教諭」ではあるものの、保育計画の立案や地域の子育て支援活動等の業務に専任すべき立場であり、仕事としてはマネジメント業務で、いわゆる管理職に扱われます。

よって、主幹教諭が担任を持つことは適切ではありません。主幹教諭等専任加算取得のため主幹教諭代替職員を配置していたとしても、主幹教諭が担任を持っている場合は、前述の活動に専任できていないと判断されるため、加算の対象にすることはできません。

●副主幹教諭やその他役職教諭

絶対必要配置職員には含まれませんが、職員のキャリアアップのためにも配置しておくべきさまざまな役職があります。なかでも、副主幹教諭や中核リーダー等、施設の中心的存在に当たる職員は、処遇改善等加

算Ⅱの副主任保育士級（上限40,000円／月）の対象となります。また、その他の職務分野別リーダー等（幼児教育リーダーなど）については、下限は月額5,000円以上、上限は副主任保育士グループの最低額未満の範囲において処遇改善等加算Ⅱの対象となります。

　処遇改善等加算の項でも説明しますが、施設内でのキャリアアップのしくみは、しっかりと整えておきましょう。

●学級編制調整加配教諭を1人分

　教育標準時間認定子どもに係る利用定員が36人以上300人以下の施設に1人必要です。

（ウ）その他

●事務職員及び非常勤事務職員

　園長等の職員が兼務する場合または業務委託する場合は、配置は不要です。

●学校医、学校歯科医及び学校薬剤師

　嘱託等でOKです。

第 2 章 | 基本配置を知ろう

Column 幼稚園と保育所って何が違うの？ という感覚を理解することの重要性

　最初にこの事務を担当するときに、必ずこの疑問にぶつかると思います。そして勉強を重ね、経験を積んでいくにつれ、その違いを常識として理解するようになります。それはそれで事務遂行上とてもよいことですが、一方でこの疑問は、とても大事なポイントだと考えます。というのも、これは保護者目線または子ども目線で見たときに非常に厳しい問いかけになるからです。

　幼稚園には幼稚園の、保育所には保育所の目指す子どもの姿があると思いますが、細かい部分はともかく、子どもが健やかに成長していく環境をつくることは、幼稚園でも保育所でも、認定こども園でも同じだと思います。そのための施策の1つが令和元（2019）年10月からはじまった国の保育料無償化なのだと思います。

　「教育」と「保育」、どちらであっても子どもには関係ありません。家庭環境にかかわらず、すべての子どもが健やかに成長できる環境をつくれるよう、保育料無償化に引き続き、今後も国の制度改正に期待したいと思います。

3 保育所の職員構成

　保育所の職員構成は、各種加算を適用する上で、必ず満たしておかなければならない最低限の条件です。下の図のすべてをクリアしている必要があります。また、保育士資格を持った者を、保育士と呼んでいます。それでは絶対必要配置職員を見ていきましょう。

令和6年度時点 特定教育・保育施設等における職員配置の考え方（保育所）

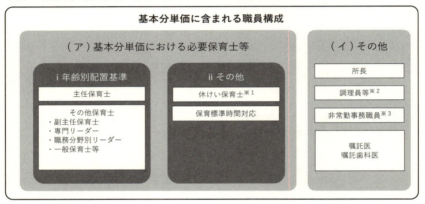

※1　休けい保育士は、利用定員が90人以下の施設に1人分適用される。
※2　調理員等の人数は、利用定員が40人以下は1人、41～150人は2人、151人以上は3人（うち1人は非常勤可）となる。
　　　ただし、外部搬入または委託の場合は配置不要。
※3　非常勤事務職員は、所長等が兼務する場合や業務委託する場合は配置不要。

（ア）職員等

　「年齢別配置基準（保育士）」：各年齢や子ども数に応じた保育士の配置基準
- 4歳児以上：子ども30人につき保育士1人
- 3歳児　　：子ども20人につき保育士1人
- 1、2歳児：子ども6人につき保育士1人
- 乳児　　　：子ども3人につき保育士1人

以上を念頭に、次の計算式により職員数を算出します。また、年齢別配置基準とは別に、非常勤の保育士を1人配置する必要があります。

$$\frac{4歳児以上子ども数}{30} + \frac{3歳児子ども数}{20} + \frac{1、2歳児子ども数}{6} + \frac{乳児子ども数}{3} = 配置上必要な保育教諭数$$

小数点第1位まで計算（第2位は切捨て）　　　　　　　　小数点以下四捨五入

加えて、以下の職員を必ず配置します。

・　主任保育士が1人

主任保育士は、保育計画の立案や地域の子育て支援活動等を行い、所長の補佐として施設の総合的な管理運営を行います。前述の年齢別配置基準に含めることができます。

【注意】

「給付」の観点から見る場合、主任保育士は、「年齢別配置基準に数えるべき保育士」ではあるものの、保育計画の立案や地域の子育て支援活動等の業務に専任すべき立場であり、仕事としてはマネジメント業務で、いわゆる管理職に扱われます。

よって、主任保育士が担任を持つことは適切ではありません。主任保育士専任加算取得のため主任保育士代替職員を配置していたとしても、主任保育士が担任を持っている場合は、前述の活動に専任できていないと判断されるため、加算の対象にすることはできません。

●副主任保育士やその他役職教諭について

絶対必要配置職員には含まれませんが、職員のキャリアアップのためにも配置しておくべきさまざまな役職があります。なかでも、副主任保育士や専門リーダー等、施設の中心的存在に当たる職員は、処遇改善等加算Ⅱの副主任保育士級（上限40,000円／月）の対象となります。また、その他の職務分野別リーダー等（幼児教育リーダーなど）については、下限は月額5,000円以上、上限は副主任保育士グループの最低額未満の範囲において処遇改善Ⅱの対象となります。

処遇改善等加算のページでも説明しますが、施設内でのキャリアアップのしくみは、しっかりと整えておきましょう。

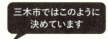

●休けい保育士が1人分【※2・3号利用定員の合計が90人以下の施設に適用】

保育士の休憩時間を確保する観点や長時間開所に対応する観点から、利用定員の合計が90人以下の施設については、常勤の保育教諭1名分を確保することが必要です。こちらに関しては、誰かをこのポジションに指定する必要はなく、常勤換算職員数から1人減じることで対応します。

●保育標準時間対応職員が1人分

在園時間の長くなる保育標準認定子どもへの保育需要に対応するため、常勤の保育教諭1名分を確保することが必要です。

実は、施設全体の利用定員に占める保育標準時間認定の子どもの人数の割合が低い場合は、非常勤の保育士でもOKというルールがあります。そのため、このポジションについて誰かを指名しておく必要があると読み取ることができます。

しかし現実的には、保育短時間よりも保育標準時間認定の子どもの割合が圧倒的に多いことから、三木市では、こちらに関しても、誰かをこのポジションに指定する必要はなく、常勤換算職員数から1人減じることで対応します。

（イ）その他

●施設長（所長）

施設長は以下のすべての条件に該当する者を配置する必要があります。保育士資格は、もちろん持っていることが望ましいですが、必ず持っていなければならないわけではありません。

- 児童福祉事業等（※1）に2年以上従事または同等以上の能力（※2）があること

（※1）児童福祉事業等：児童福祉施設の職員、幼稚園・小学校等における教諭、市区町村等の公的機関において児童福祉に関する事

務を取り扱う部局の職員、民生委員・児童委員のほか、教育・保育施設または地域型保育事業に移行した施設・事業所における移行前の認可外保育施設の職員等、基本的に子どもに深くかかわる職歴であることが重要です。

（※2）同等以上の能力：公的機関が実施する施設長研修等を受講した者
- 　常勤専従であること
- 　委託費からの給与支払いであること

●調理員

利用定員の合計により、最低限配置すべき人数が変わります。

① 　40人以下　　　　　　　　⇒　　1人
② 　41人以上150人以下　　　⇒　　2人
③ 　151人以上　　　　　　　　⇒　　3人（うち1人は非常勤可）

※自園調理だが調理業務のすべてを委託している場合や外部搬入の場合は配置不要。

●嘱託医、嘱託歯科医

4 認定こども園の職員構成

　認定こども園の職員構成は、各種加算を適用する上で、必ず満たしておかなければならない最低限の条件になります。下の図のすべてをクリアしている必要があります。また、認定こども園において「保育教諭」とは、保育士資格と幼稚園教諭免許の両方を持っていることが条件となります。

　基本的に、認定こども園は幼稚園と保育所のハイブリッドの構成になっています。基本分単価に含まれる職員構成図は下の図のとおりです。

令和6年度時点 特定教育・保育施設等における職員配置の考え方（認定こども園）

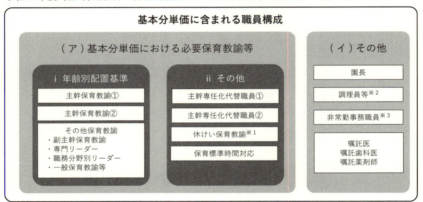

※1　休けい保育教諭は、2・3号利用定員が90人以下の施設に1人分適用される。
※2　調理員等の人数は、2・3号利用定員が40人以下は1人、41〜150人は2人、151人以上は3人（うち1人は非常勤可）となる。ただし、外部搬入または委託の場合は配置不要。
※3　非常勤事務職員は、週2日勤務分（1号利用定員が91人以上はプラス1人分）となる。ただし、施設長等が兼務する場合や業務委託する場合は配置不要。

「年齢別配置基準」：各年齢や子ども数に応じた職員の配置基準
- 　4歳児以上　　　　　：子ども30人につき教諭1人
- 　3歳児及び満3歳児：子ども20人につき教諭1人
- 　1、2歳児　　　　　：子ども6人につき教諭1人
- 　乳児　　　　　　　　：子ども3人につき教諭1人

以上を念頭に、次の計算式により職員数を算出します。

また、以下の教諭を配置することが必要です。

（ア）職員等

●主幹保育教諭が2人（1号担当が1人、2・3号担当が1人）

主幹保育教諭は、教育・保育計画の立案や地域の子育て支援活動等を行い、園長の補佐として施設の総合的な管理運営を行います。

教育担当・保育担当にそれぞれ1人必要です。したがって、<u>1つの認定こども園に、主幹保育教諭は2名必要となります。</u>ただし、地域的な事情等により1号認定子どもまたは2・3号認定子どもの在籍がない場合は、どちらか1人でもOKです。

なお、辞令については、発令していることが基本ですが、現時点では辞令がなくても減算の対象等にはなりません。ただ、主幹保育教諭については誰がそのポジションにいるのかを決めておく必要があります。

また、主幹保育教諭は、年齢別配置基準に係る職員数換算対象になります。

【注意】

「給付」の観点から見る場合、主幹保育教諭は、「年齢別配置基準に数えるべき保育教諭」ではあるものの、教育・保育計画の立案や地域の子育て支援活動等の業務に専任すべき立場であり、仕事としてはマネジメント業務で、いわゆる管理職に扱われます。

また、基本配置として主幹保育教諭代替職員を配置していることから、<u>担任を持つことは想定されていません。</u>主幹保育教諭が担任を持っている場合、前述の活動に専任できていないと判断されるため、減算の対象となります。

●副主幹保育教諭やその他役職教諭について

　絶対必要配置職員には含まれませんが、職員のキャリアアップのために
も配置しておくべきさまざまな役職があります。なかでも、副主幹保育
教諭や専門リーダー等、施設の中心的存在に当たる職員は、処遇改善
等加算Ⅱの副主任保育士級（上限40,000円／月）の対象となります。ま
た、その他の職務分野別リーダー等（乳児保育リーダーなど）について
は、下限は月額5,000円以上、上限は副主任保育士グループの最低額未満
の範囲において処遇改善等加算Ⅱの対象となります。

　処遇改善等加算の項でも説明しますが、施設内でのキャリアアップの
しくみは、しっかりと整えておきましょう。

要注意！

●主幹専任化代替職員が2人（1号担当が1人、2・3号担当が1人）

　主幹専任化代替職員は、主幹保育教諭が教育・保育計画の立案や地域
の子育て支援活動等を行い、園長の補佐として施設の総合的な管理運営
を行うことを専任化させるために配置しなければならない保育教諭です。
教育担当・保育担当にそれぞれ1人必要です。したがって、1つの認定
こども園に、主幹専任化代替職員は2名必要となります。

　幼稚園や保育所の場合は、この職員を配置することが、主幹を専任化
させる「加算」につながるものでしたが、認定こども園においては、こ
の職員は必置の職員になります。配置できていない場合は減算になりま
すので注意しましょう。

**三木市ではこのように
決めています**

　基本配置は、最低でも常勤職員が1人、非常勤職員（月80時間以上勤
務）が1人となります。また、誰がそのポジションにいるのかを指定す
る必要があります。

　非常勤職員の「月80時間以上勤務」という基準ですが、これは三木市
で決めているルールです。1号の代替職員として子どもの担当をしても
らうのならば、おおむね1日4時間×20日程度は必要ですよね、という
考えです。

　この職員は、年齢別配置基準に係る職員数の換算対象にはなりません。

第 2 章 | 基 本 配 置 を 知 ろ う

●休けい保育教諭が１人分【※２・３号利用定員の合計が90人以下の施設に適用】

　保育教諭の休憩時間を確保する観点や長時間開所に対応する観点から、２・３号利用定員の合計が90人以下の施設については、常勤の保育教諭１名分を確保することが必要です。こちらに関しては、誰かをこのポジションに指定する必要はなく、常勤換算職員数から１人減じることで対応します。

> 三木市ではこのように
> 決めています

●保育標準時間対応職員が１人分

　在園時間の長くなる保育標準時間認定子どもへの保育需要に対応するため、常勤の保育教諭１名分を確保することが必要です。

　実は、施設全体の利用定員に占める保育標準時間認定子どもの人数の割合が低い場合は、非常勤の保育士でもOKというルールがあります。そのため、このポジションについて誰かを指名しておく必要があると読み取ることができます。

　しかし現実的には、保育短時間よりも保育標準時間認定の子どもの割合が圧倒的に多いことから、三木市では、こちらに関しても、誰かをこのポジションに指定する必要はなく、常勤換算職員数から１人分減じることで対応します。

> 三木市ではこのように
> 決めています

（イ）園長

　施設長のことです。幼保連携型認定こども園の場合は、幼稚園教諭免許（一種または専修）と保育士資格の両方の所持が望ましいです。

（ウ）その他

●調理員等

　２・３号利用定員の合計により、最低限配置すべき人数が変わります。

①　40人以下　　　　　　　　⇒　1人
②　41人以上150人以下　　　⇒　2人
③　151人以上　　　　　　　⇒　3人（うち1人は非常勤可）

●事務職員及び非常勤事務職員
　園長等、ほかの人が兼務する場合は配置不要です。
●学校医、学校歯科医、学校薬剤師（嘱託を含む）
　配置が必要な職種です。

職員構成と各加算の関係図

　加算（減算）は、各施設において教育・保育の質を向上させるための取り組みに対して、給付費を上乗せ（減額）するもので、目指すべき方向性を示しつつも、一定の多様性を認めるしくみです。

○○な取り組みをして保育の質向上！　⇒　「○○加算」で上乗せ！

↕

絶対に配置しなきゃいけない人を配置できていない…　⇒減算…

　基本的な考え方としては、絶対必要配置職員を満たした上で、各加算に必要な職員を配置することで加算を取っていくことができます。逆に言えば、絶対必要配置職員の条件を満たせない場合、ほとんどの加算を取れなくなってしまうほか、不足状況によっては減算の対象になる可能性があります。
　この給付制度のしくみにおいて、在籍する子どもの数が増えれば増えるほど、必要となる保育教諭の数は大きくなります。特に、低年齢層の子どもが増えると、必要となる保育教諭の数は跳ね上がっていきます。
　加算の取得は、絶対必要配置職員を満たした上で、どれだけの余剰職員を残せるかにかかっています。そのため、年度途中の子どもの入園または退園や、職員の雇用または退職により、年度途中で加算が取れなくなる可能性もあれば、追加で取れるようになる可能性もあります。毎月初日の状況を丁寧に管理していくことが、施設の安定した運営につながります。

第 2 章｜基本配置を知ろう

３歳児配置改善加算
満３歳児対応加配加算
講師配置加算
チーム保育加配加算
指導充実加配加算
学級編制調整加配加算
療育支援加算
・・・等

絶対必要配置職員を満たせない
場合、職員の配置に関わる加算
はほとんど取れなくなる可能性
が高いです。

「常勤」「非常勤」の判断

なんとなく使用している言葉ですが、そもそもの意味を説明すると、「常勤」「非常勤」は、労働者を勤務時間で区別し、正職員や非正規職員、パートや嘱託などは労働者を雇用形態で区別します。どれも労働者の働き方でよく使われる言葉ですが、根本的な概念が違いますので、これらの言葉が混じりあってしまわないように注意してください。

次に、基本配置や加算における考え方をここで整理します。

○「常勤」の必要勤務時間の定義は？

「常勤」について、明確に定義されている法律などはありません。結論から言えば、施設が定めます。おおむね、月160時間（１日８時間×20日）に設定していることが多いです。たとえば、午前中は施設で勤務して、午後は法人本部で法人に関する事務の仕事をしている場合は、施設の常勤勤務者としては扱えません。

○兼務状況の確認

要注意！

兼務職員の実態を把握するよう国から求められています。施設を複数運営している法人は、１人の職員に対して複数の施設で常勤扱いにするなどの多重雇用や、法人が定めた月間勤務時間を超える雇用契約を行わないよう注意が必要です。

たとえば、ある施設で月160時間の常勤として雇用されている職員が、ほかの施設で月80時間の雇用契約を結んでいる、もしくは給与を得ている場

063

合はアウトと思ってください。

○常勤的非常勤とは？

　日本語としては矛盾しているように聞こえる言葉ですが、実際に存在している言葉です。元々は役所言葉で、フルタイムで働く定数外の職員を指していました。

　実際に運用されている意味としては、「フルタイム勤務かつ有期雇用」として契約しているが、年度が替わっても引き続き契約を継続して働いている人を指します（諸説あり）。

令和6年度 職員配置と各加算の関係性

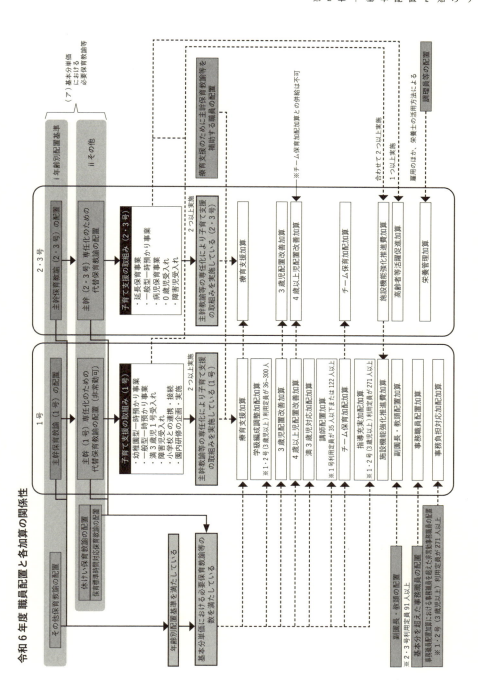

Column　給付担当になった日（本岡編）

　行政ではよくある（？）ことですが、十分な準備期間もなくいきなりその業務の担当になります。筆者・本岡が給付担当になったときもそんな流れでしたが、国や県の資料を読んでも、前任者の過去資料を読んでも、当時は全然理解が進みませんでした。実際、処遇改善等加算に関する書類を見ても、それだけではなかなかわからないですよね。子ども・子育て支援法等の法律を読んでも、ちっともピンとこない。

　あまりにわからなさ過ぎて1人で悶々としていましたが、悩んでいても誰も助けてくれないので、もう割り切ってとことんまで調べて整理してやろうと思い、さまざまな関連資料を読み、県や国に質問、質問、また質問。その結果、ある程度理解して整理はできてきたのですが、ここまでしなければ全容が理解できないこの給付のしくみ、もう少し簡単にしてほしいなと思います。

Column　給付担当になった日（網干編）

　行政ではたまにある（？）ことですが、年度途中に人事異動が行われることがあります。新型コロナウイルスが世の中に猛威を振るっていた令和2年6月に、筆者・網干は給付担当として異動になりました。このとき、課は疲弊しきっていた状態でした。入所保留になり窓口で困り果てる保護者、給付に関する膨大な資料、毎月支払われるものすごい額の給付費、目の前の仕事を捌くだけで精いっぱいの空気……。「すごいところに来たなぁ」というのが最初の率直な感想でした。

　ただ、私が来たときには、本書共著者の本岡氏が課内レクチャー資料を整備しており、2週間みっちり講習してもらえたことで、係の仕事を頭に叩き込むことができました。その下地があったからなのか、自分の性格なのかわかりませんが、そこから私は、給付の仕事を「楽しむ」形でのめりこんでいきました。……はい、そりゃもちろん「変わり者」と言われていますよ。

5 小規模保育事業所A型orB型・事業所内保育事業所（A型基準orB型基準）の職員構成

　この職員構成は、各種加算を適用する上で、必ず満たしておかなければならない最低限の条件です。下の図のすべてをクリアしている必要があります。なお、保育士の割合はA型が100％、B型が50％以上であることが必要です。

　小規模保育事業所はミニ保育園または保育所分園的な性格を持つ施設区分です。保育所よりも小規模ですが、実は配置基準は保育所よりも手厚めです。

　また、小規模保育事業所に在籍する０～２歳児が、３歳児クラス以降の利用において困らないよう、「連携施設」を設けることが求められています。連携先は、認定こども園や保育所、幼稚園などです。連携施設への入園は、小規模保育事業所を利用していた子どもが優先されます。基本分単価に含まれる職員構成図は下の図のとおりです。

令和６年度時点 特定教育・保育施設等における職員配置の考え方（小規模保育事業所A型・B型）（事業所内保育事業A型基準・B型基準）

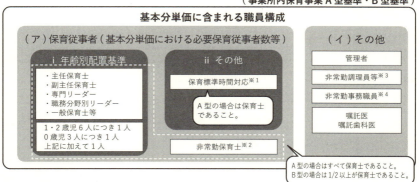

※１　保育標準時間対応は、非常勤の保育士を１名配置すること。
※２　非常勤の保育士を１名配置すること（基本分単価における必要保育従事者）。
※３　非常勤調理員等は、非常勤の調理員を配置すること。ただし、外部搬入または委託の場合は配置不要。
※４　非常勤事務職員は、管理者等が兼務する場合や業務委託する場合は配置不要。

「年齢別配置基準」：各年齢や子ども数に応じた職員の配置基準
- １、２歳児：子ども６人につき保育士１人
- 乳児　　　：子ども３人につき保育士１人
- 上記計算に加えてさらにプラス１人

A型はすべて保育士
B型は半分以上が保育士

以上を念頭に、次の計算式により職員数を算出します。

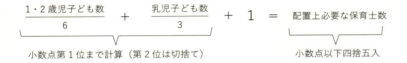

また、次の職員を配置することが必要です。

●保育標準時間対応職員を１人
　在園時間の長くなる保育標準認定子どもへの保育需要に対応するため、非常勤の保育士１名を確保することが必要です。

三木市ではこのように決めています

　この点に関しては、「非常勤の保育士」と指定があるため、誰かをこのポジションに指定する必要があります。なお、対象保育士の必要月間労働時間については、所在の施設がある自治体に確認してください。

●年齢別配置基準にプラスして非常勤保育士を１人
　認定こども園の絶対配置必要職員でいう「休けい保育教諭」にあたる職員です。保育士の休憩時間を確保する観点や長時間開所に対応する観点から、非常勤の保育士１名分を確保することが必要です。

三木市ではこのように決めています

　こちらに関しても、「非常勤の保育士」と指定があるため、誰かをこのポジションに指定する必要があります。なお、対象保育士の必要月間労働時間については、所在の施設がある自治体にご確認ください。

第 2 章 | 基 本 配 置 を 知 ろ う

●管理者

　小規模保育施設または事業所内保育施設における加算上の管理者とは、以下の条件をすべてクリアしている人を指します。該当しない場合は、加減調整部分「管理者を配置していない場合」の対象となり、減算となります。そのため、要件に該当しない場合は、「園長」≠「加算上の管理者」となってしまうこともあり得ます。

【対象となる要件（②③はどちらかでOK）】

①　常勤かつ、その事業所の運営管理業務に専従していること

　　→管理者を保育士としてカウントしないと年齢別配置基準を満たせない場合は、その者を管理者とすることはできません。

②　児童福祉施設や小学校など、公私問わず教育・保育に関する施設に2年以上勤めた経験があること

③　公的機関等が実施する施設長研修等を受講していること

④　給料が、給付費から支払われていること

●非常勤調理員等

　調理に関する業務を外部委託する場合や、ほかの施設から給食を搬入してもらう場合は、配置はなくてもOKです。ただし、栄養管理加算で「（ア）配置」や「（イ）兼務」を取る場合は、ここで栄養士を雇用しておく必要があります。栄養管理加算については、後述します。

●非常勤事務職員等

　管理者等、ほかの人が兼務する場合は配置不要です。

※従業員枠の子どもの場合（事業所内保育事業のみ）

　事業主が雇用する職員の子どもが同施設に入所している場合、その対象の子どもの基本分単価のみ、定められた調整率を乗じて算定します。令和6年度は、地域区分を問わず84％で計算します。

要注意!

職員構成と各加算の関係図

　加算（減算）は、各施設において教育・保育の質を向上させるための取り組みに対して、給付費を上乗せ（減額）するもので、目指すべき方向性を示しつつも、一定の多様性を認めるしくみです。

○○な取り組みをして保育の質向上！　⇒　「○○加算」で上乗せ！

絶対に配置しなきゃいけない人を配置できていない…　⇒減算…

　基本的な考え方としては、認定こども園等と同様に、絶対必要配置職員を満たした上で、各加算に必要な職員を配置することで加算を取っていくことができます。

　ただし、認定こども園とは異なり、配置に関して絶対必要配置職員の内容を満たしていないとしても、「年齢別配置基準を下回る場合」のような減算項目はありません。しかし、指導の対象にあたるため、また、何よりも子どもの保育の質の安定のためにも、配置基準は必ず満たしておくようにしましょう。

　この給付制度のしくみにおいて、在籍する子どもの数が増えれば増えるほど、必要となる保育士の数は大きくなります。特に、小規模保育事業所には低年齢層の子どもしかいないため、注意が必要です。施設の受け入れ可能な月齢の都合上、年度当初は０歳児が少ないことが想定されます。そのため、最初は配置基準に余裕があったとしても、年度後半になり入所児童が増えるにつれて、必要となる保育教諭の数が跳ね上がっていき、気がついたら配置基準オーバーに……といった事態にもなりかねません。毎月初日の状況を丁寧に管理していくことが重要です。

Column　スモールメリット？　スケールメリット？

　小規模保育事業所は、大規模な保育所等に比べて初期投資が少なく、またランニングコストとなる人件費等も比較的少なめであることや、子ども１人当たりの単価も高めなことから、子どもが定員きっちり在籍していれば、収益を上げやすい施設区分です。しかし、子どもが減少した際には簡単に赤字になってしまうため、運営には注意が必要です。

第 2 章 | 基本配置を知ろう

令和 6 年度 職員配置と各加算の関係性（小規模保育事業 A・B 型）

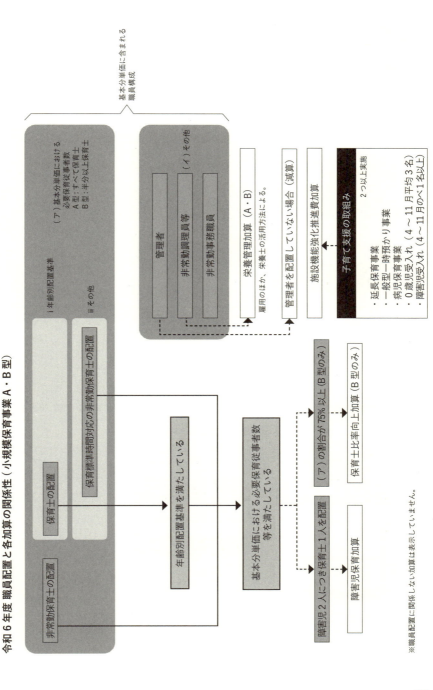

※職員配置に関係しない加算は表示していません。

6 【参考】その他の施設区分における職員構成

参考までに、その他の施設区分における基本配置について説明します。

令和6年度時点 特定教育・保育施設等における職員配置の考え方（小規模保育事業所C型）

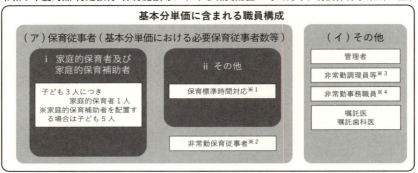

家庭的保育者とは、市区町村が行う研修を修了した保育士または同等以上の知識を有すると市区町村に認められた者をいう。
※1　保育標準時間対応は、非常勤の保育従事者を1名配置すること。
※2　非常勤の保育従事者を1名配置すること（基本分単価における必要保育従事者）。
※3　非常勤調理員等は、非常勤の調理員を配置すること。ただし、外部搬入または委託の場合は配置不要。
　　　グループのうちいずれかの利用子どもが3人以下の場合は家庭的保育補助者が兼務可能。
※4　非常勤事務職員は、管理者等が兼務する場合や業務委託する場合は配置不要。

令和6年度時点 特定教育・保育施設等における職員配置の考え方（事業所内保育事業（定員20人以上））

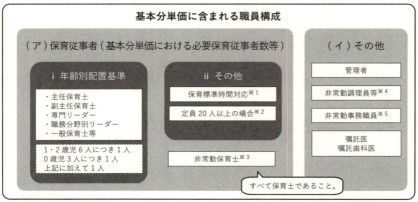

※1　保育標準時間対応は、非常勤の保育士を1名配置すること。
※2　保育士を1名配置すること（基本分単価における必要保育従事者）。
※3　非常勤保育士を1名配置すること（基本分単価における必要保育従事者）。
※4　非常勤調理員等は、非常勤の調理員を配置すること。ただし、外部搬入または委託の場合は配置は配置不要。
※5　非常勤事務職員は、管理者等が兼務する場合や業務委託する場合は配置不要。

第 2 章 | 基本配置を知ろう

令和6年度時点 特定教育・保育施設等における職員配置の考え方（家庭的保育事業）

基本分単価に含まれる職員構成	
（ア）保育従事者（基本分単価における必要保育従事者数等）	（イ）その他
i　家庭的保育者及び家庭的保育補助者 子ども3人につき家庭的保育者1人 ※家庭的保育補助者を配置する場合は子ども5人	非常勤調理員等[※1] 非常勤事務職員[※2] 嘱託医 嘱託歯科医

家庭的保育者とは、市区町村が行う研修を修了した保育士または同等以上の知識を有すると市区町村に認められた者をいう。
※1　非常勤調理員等は、非常勤の調理員を配置すること。ただし、外部搬入または委託の場合は配置不要。
※2　非常勤事務職員は、管理者等が兼務する場合や業務委託する場合は配置不要。
　　　利用定員3人以下の場合で、家庭的保育補助者加算の適用を受ける事業所を除く。

令和6年度時点 特定教育・保育施設等における職員配置の考え方（居宅訪問型保育事業）

基本分単価に含まれる職員構成
（ア）保育従事者（基本分単価における必要保育従事者数等）
i　家庭的保育者　　　　　　　　　　　　　　　　　　　　　　　　　　　　　　　　　　　　　 子ども1人につき家庭的保育者1人　　　　保育標準時間対応

家庭的保育者とは、居宅訪問型保育事業に従事するために必要な研修を受講した者をいう。

Column　施設にどれだけ職員がいればいいのか？

　職員の配置は、運営する側にとっては永遠のテーマだと思います。ここまでに示した配置基準は、あくまでミニマムスタンダード、つまり最低基準です。そのため、この配置を単純に満たしたからといって、その施設の職員が現場で快適に仕事ができるかというと、そうとは限りません。むしろ「ギリギリ」の状態だと思います。だからといって、定員100人の園に職員を100人雇えばよいかというと、それも違います。保育士の人数が多ければ多いほど手厚い保育ができるのは事実ですが、それだと運営が成り立たなくなってしまいます。加配が必要な子どもへの対応もありますし、状況は施設それぞれ異なります。職員への処遇が落ちない程度の増員ができればよいですが、給付費だけでそれができるかというと、なかなか難しい。

　今後、「配置基準の見直し」がさらに"異次元なレベル"で進むことを願っています。

・7　就学前子どもの教育・保育に携わる職業・

「就学前の子どもの教育・保育に携わる職業」にはさまざまな種類があります。保育所では保育士、幼稚園では幼稚園教諭、そして認定こども園では保育教諭がいます。ここでは、「就学前の子どもの教育・保育に携わる職業」の一部を紹介します。

保育士

保育士の資格の正式名称は「保育士資格」です。平成15（2003）年に児童福祉法が改正されたことにより、民間資格から厚生労働省管轄の国家資格になりました。また、名称独占資格に規定されているため、保育士資格を持っている人しか保育士を名乗ることはできません。

この保育士資格を持っている人が、社会福祉法人日本保育協会の登録（いわゆる保育士登録）を経て、資格取得証書が交付されます。これが「保育士証」です。

元々は、民間資格として「保母資格」があり、当初は「保母さん」といえば女性だけの職業でした。昭和52（1977）年の児童福祉法改正により男性がようやくこの職業に就くことを認められましたが、この頃はまだ「保母に準ずるもの」でした。俗称としてようやく「保父」という言葉が生まれましたが、資格の正式名称は「保母」のままでした。その後、男女雇用機会均等法や児童福祉法施行令の改正を経て、平成11（1999）年に「保育士」という呼び名が公的に誕生しました。

幼稚園教諭

幼稚園教諭は、「幼稚園教諭免許」を取得している必要があります。この免許状は、「幼稚園教諭二種免許」「幼稚園教諭一種免許」「幼稚園教諭専修免許」の3種類があります。この免許を所持し、教員採用試験に合格することで、幼稚園教諭になることができます。

第 2 章 | 基 本 配 置 を 知 ろ う

　３つの免許の種類ですが、二種は短期大学卒業相当、一種は４年制大学相当、専修は大学院修了相当の資格です。ただ、二種免許を持った状態で一定の実務経験を経た後に、大学等で必要な単位を取得し、教育職員検定に合格すれば一種免許を取得することもできます。同様に一種→専修になることもできます。

　免許が違ったとしても、現場では最初のうちはやることは変わりませんが、将来的に園長等へのキャリアアップをしたいのであれば、一種または専修免許を取得しておく必要があります。

保育教諭

　保育士資格と幼稚園教諭免許の両方を持ち合わせる必要があるのが、幼保連携型認定こども園の保育教諭です。原則として両方の資格を持っていることが必要ですが、特例措置により、どちらかの資格・免許を持っていればOKの期間があります。当初は令和６（2024）年度末まででしたが、５年延長し、令和11（2029）年度末までになりました。ただし、主幹保育教諭・指導保育教諭に関しては２年延長のため、令和８（2026）年度末までに併有しておく必要があります。

　また、ほかの類型の認定こども園（保育所型や幼稚園型、地方裁量型）は、現状は片方のみでも働くことができます。ただし、持っている資格等により、対応できる子どもの年齢に制限があります。

　なお、認定こども園法では、０～２歳児クラスを持つ場合は保育士資格が必要で、３歳以上の子どもを持つ場合は併有が望ましいとされています。

家庭的保育者

　家庭的保育事業を行う保育者で、「保育ママ」と呼ばれたりもします。

① 　市区町村が行う家庭的保育者研修を修了していること
② 　保育士や保育士と同等の知識・経験を有する人
③ 　乳幼児の保育に専念することができる人
④ 　児童福祉法で定める欠格事由に該当しない人

　上記①～④の要件を満たし、市区町村の認定を受けることで家庭的保育

者になれます。自治体によっては、保育士資格や看護師免許等を持っていることを要件としているところもあります。

　家庭的保育者として働くためには、個人事業主として開業する必要があり、そちらについても市区町村の認可が必要になります。

ベビーシッター

　主に利用者の自宅に訪問し、保育を行う人のことをいいます。集団保育をすることはできませんが、1対1の密な保育をできることが持ち味です。

　無資格でもベビーシッターとして働くことは可能ですが、「認定ベビーシッター」「ベビーシッター資格」「ベビーシッター技能認定」などの民間資格があります。専門知識などを習得し、利用者からの信頼性を上げて利用率を高くしていくことがベビーシッターとして不可欠な要素です。

第 3 章

加算について
知ろう

前章でも説明しましたが、加算（減算）は、各施設において教育・保育の質を向上させるための取り組みに対して、給付費を上乗せ（減額）するもので、目指すべき方向性を示しつつも、一定の多様性を認めるしくみです。

　加算そのものに特別な順位はありませんが、それぞれに満たすべきルールがあります。後になって給付費を返還することにならないよう、それぞれの加算の適用ルールをしっかりと理解しましょう。

　減算については、もちろん適用されないのが基本です。どの施設区分においてもいえることですが、基本分単価に盛り込まれている内容を満たせていない場合に減算が適用されます。たとえば絶対配置必要職員が満たせていない場合は、その満たせていない職員の人数分、給付費がカットされます。減算にプラスして指導が入ることもあります。

　施設型給付費または地域型保育給付費として支払われる給付費は、その施設の収入の大半を占めることになります。教育・保育への取り組みに対し、適切な給付費が支給されるよう、加算を取り忘れないようにしましょう。

・1　加算の知識を1つずつ身につけよう・

　ここからは各加算について大まかに説明していきます。なお、「子育て支援の取組み」が必要な加算には、見出し部分に★印を付けています。処遇改善等加算Ⅰ～Ⅲについては、第4章で説明します。

　加算を取得するに足る施設であるかどうかは、毎月初日時点の在籍子ども数や職員の配置状況、調書等のチェックにより行います。加算の取得に関して、適用に優先順位はありません。各園の事情に合わせ、必要な加算を選択するようにしましょう。ただし、併給できない加算等がありますので、適用の条件は確認しておく必要があります。

　「三木市ではこのように決めています」という箇所もありますので、国からの通知等も一緒に読み進めてください。

　一部の加算については、単価（例）を記載しています。費用感も確認してください。なお、下の表のような施設を例に表示しています。

【例1】施設区分：幼保連携型認定こども園
　　　　地域区分：3/100地域

利用定員	1号	15人	2号	80人	3号	30人
在籍数	5歳児	5人	5歳児	30人	2歳児	15人
	4歳児	5人	4歳児	28人	1歳児	9人
	3歳児	5人	3歳児	22人	0歳児	6人

【例2】施設区分：保育所
　　　　地域区分：3/100地域

利用定員	2号	80人	3号	30人
在籍数	5歳児	30人	2歳児	15人
	4歳児	28人	1歳児	9人
	3歳児	22人	0歳児	6人

子育て支援の取組み★

　加算によっては、「子育て支援の取組みを複数実施していること」が取得要件に含まれていることがあります。主幹専任化に関わる加算・減算や施設機能強化推進費加算、高齢者等活躍促進加算などがこれに当たります。要件に必要な職員等を配置していても、以下の取り組みができていなければ、対象の加算を取得できませんので注意しましょう。

　以下が各事業の説明です。大枠の説明ですので、詳細は国通知を確認してください。

◎１号に関わるもの

（ア）幼稚園型一時預かり事業

　子ども・子育て支援交付金に係る同名の事業を行っている場合に要件を満たせます。ただし、月の平均対象こどもが１人以上いることが必要です。

　また、私学助成の預かり保育推進事業や幼稚園長時間預かり保育支援事業、市区町村の単独事業や自主事業（私学助成の国庫補助に準ずるレベルの場合に限ります）等により行う預かり保育を含みます。

（イ）一般型一時預かり事業

　子ども・子育て支援交付金に係る同名の事業を行っている場合に要件を満たせます。ただし、月の平均対象子どもが１人以上いることが必要です。

　また、私学助成の子育て支援活動の推進等により行う未就園児の保育、幼稚園型一時預かり事業により行う非在園児の預かり及びこれらと同等の要件を満たして実施しているものも含みます。

（ウ）満３歳児に対する教育・保育の提供

　満３歳児対応加配加算（85ページ）を取得できる場合にこの要件を満たせます。

（エ）障がい児に対する教育・保育の提供

　障がい児（※）が１人以上在籍している場合にこの要件を満たせます。

※「市区町村が認める障がい児」が対象です。身体障害者手帳等の交付の有無は問いません。また、医師による診断書や巡回支援専門員等障害に関する専門的知見を有する者による意見提出など障がいの事実が把握可能な資料をもって確認してもOKです。

（オ）継続的な小学校との連携・接続に係る取り組みをしている

小学校接続加算（128ページ）の2段階目を取得できる場合は、この要件は満たしています。

（カ）園内研修を企画・実施している

都道府県及び市区町村等の教育委員会または幼児教育センターなど幼児教育施設に対して幼児教育の内容・指導方法等の指導助言等を行う部局、あるいは幼児教育アドバイザーなど自治体に所属して幼児教育の専門的な知見や豊富な実践経験に基づき幼児教育に関する指導助言等を行う者と連携して、園内研修を企画・実施していること。

◎ 2・3号に関わるもの

（ア）延長保育事業

子ども・子育て支援交付金に係る同名の事業を行っている場合に要件を満たせます。

（イ）一般型一時預かり事業

子ども・子育て支援交付金に係る同名の事業を行っている場合に要件を満たせます。ただし、月の平均対象こどもが1人以上いることが必要です。

（ウ）病児保育事業

子ども・子育て支援交付金に係る同名の事業を行っている場合に要件を満たせます。また、交付金をもらえるレベルの自主事業を実施している場合も要件を満たせます。

（エ）乳児が3人以上利用している施設

各月の初日において、乳児が3人以上在籍していれば要件を満たせます。なお、

① 乳児の利用定員が3人以上ある

② 乳児保育を実施する職員体制を維持
③ 地域の親子が交流する場の提供や子育てに関する相談会を月2回以上開催している

の3点を満たしている場合、前年度に要件を満たしていた月（令和5年度に特例の適用があった月を含む）については、要件を満たしている扱いになります。

（オ）障がい児に対する教育・保育の提供

　障がい児が1人以上在籍している場合にこの要件を満たせます。障がい児に関する取扱いは、1号のものと共通です。

2　基本加算部分

2－1　副園長・教頭配置加算

幼	保	認こ(教)	認(保)	家	小(AB)	小(C)	事	居
○		○						

１号単価：6,060円　月額：90,900円（6,060円×１号認定児童15人）

副園長または教頭を配置する場合に必要な人件費のうち、保育教諭との差額を加算する想定の項目です。

〇加算対象となる要件

① 　常勤であること。
② 　副園長または教頭としての辞令を発令していること。
③ 　担任を持つなど、教育・保育への従事状況は問いません。
④ 　「園長」が専任ではない場合（ほかの施設の園長を兼ねている場合等）は、基本配置でプラス１人する必要がありますが、その「プラス１人」の人員に当たらない人であること。

※注　この加算は、処遇改善等加算Ⅱの中で少し特殊な動きをします。詳しくは147ページもご確認ください。

2－2　学級編制調整加配加算

１号単価：29,810円　月額：447,150円

（29,810円×１号認定児童15人）

すべての学級に専任の学級担任を配置するため、絶対必要配置職員を満たした上で、さらに常勤の保育教諭等を１人加配するための費用を加算します。この加算は、元々幼稚園の基本配置から派生した加算で、その幼稚園の配置の仕方がそのまま要件となっているイメージです。なお、学級担任は原則常勤専任であることに留意してください。

○加算対象となる要件

① 絶対必要配置職員を満たしており、その上でさらに常勤の保育教諭等を1人加配していること。

② 1号と2号の利用定員合計が36人以上300人以下の施設。

○利用定員で加算取得の範囲が決められている理由

読み飛ばしOK

施設全体の利用定員が35人以下のような非常に小規模な施設は、必ずしも年齢別の学級編制が行われない場合があることから、この加算の対象外になります。そして300人を超えるような大規模な園は、公定価格上の4歳以上児の配置基準「30：1」と幼稚園設置基準における学級編制基準の上限「35：1」の差がスケールメリットにより縮まり、この加配がなくても必要な配置を満たしやすいことから対象外になっています。

幼	保	認こ(教)	認こ(保)	家	小(AB)	小(C)	事	居
○	○	○	○					

2－3　3歳児配置改善加算

1号単価　　　：7,450円　　1号月額　　　：37,250円

2・3号単価：7,230円　　2・3号月額：159,060円 〕196,310円／月

（それぞれの単価×それぞれの区分ごとの3歳児クラスの子ども数）

絶対必要配置職員を満たした上で、3歳児の配置基準を子ども20人につき教諭1人のところを、<u>15人につき1人で配置する場合に3歳児クラス</u>の児童に対して加算します。基本分単価において、3歳児の子どもにかかる人件費を20人で分けて算定しているところを、15人で分けて算定する際に生じる、1人あたりの単価の増額分を加算するイメージです。

○加算対象となる要件

絶対必要配置職員を満たしており、その上でさらに3歳児の配置基準を子ども20人につき教諭1人のところを15人につき1人で配置する。

※配置基準は見直されましたが、令和6（2024）年度は引き続き加算で対応します。なお、チーム保育加配加算との併給は可能です。

2－4　満３歳児対応加配加算

幼	保	認こ(教)	認こ(保)	家	小(AB)	小(C)	事	居
○		○						

　絶対必要配置職員を満たした上で、満３歳児６人につき１人の保育教諭を配置した場合に加算されます。

　３歳児配置改善加算を取得していない場合は（ⅰ）の式、取得している場合は（ⅱ）の式で配置基準上必要な職員を求めます。

　なお、満３歳児の実人数が６人を下回る場合でも、以下の算式を満たす場合は、加算の取得が可能です。

（ⅰ）３歳児配置改善加算の適用がない場合

（ⅱ）３歳児配置改善加算の適用がある場合

2－5　４歳以上児配置改善加算

幼	保	認こ(教)	認こ(保)	家	小(AB)	小(C)	事	居
○	○	○	○					

　１号単価　　　：2,980円　１号月額　　　：29,800円
　２・３号単価：2,890円　２・３号月額：167,620円　　　197,420円／月

（それぞれの単価×それぞれの区分ごとの４歳以上児クラスの人数）

　職員配置基準の改正に伴い、令和６（2024）年度に生まれた加算項目です。絶対必要配置職員を満たした上で、４歳以上児の配置基準を子ども30人につき教諭１人のところを25人につき１人で配置する場合に４歳以上児クラスの児童に対して加算します。

このとき、**チーム保育加配加算・チーム保育推進加算を取得している場合、4歳以上児配置改善加算を併給することはできない**点に注意が必要です。

　4歳以上児配置改善加算とチーム保育加配加算及びチーム保育推進加算を比べた場合、チーム保育加配加算及びチーム保育推進加算のほうが加算額は大きくなる傾向があります。

　ただし、100％そうなるわけではありませんので、試算することをおすすめします。

〈加算の比較〉

比較項目	チーム保育（加配 or 推進）加算	4歳以上児配置改善加算
加算対象	3歳児クラス以上	4歳児クラス以上
適用単価	1号＋2号の利用定員合計	施設全体の利用定員
その他特徴	加配人数により単価が上昇する	

> **Column** なぜ併給できない！？
>
> 　チーム保育加配加算やチーム保育推進加算を取得する場合に、「3歳児配置改善加算や学級編制調整加配加算は併給できるのに4歳以上児配置改善加算だけが併給できない」というのは、ちょっと不思議に思います。
>
> 　4歳以上児配置改善加算は配置基準そのものへのアプローチに対する加算で、チーム保育加配加算は少人数制のグループ保育（チーム保育）を行う場合に必要な人員分の加算なので、そもそも目的が違います。それを「人数分確保しているからダメ」というのは3歳児配置改善加算等の併給可の状況と矛盾します。
>
> 　これでは、「法的措置期間ギリギリまで30：1でいく」ことができてしまい、いつまでたっても現実としての配置基準の見直しは進まなくなってしまいます。
>
> 　また、3歳児の配置基準も法的には見直されましたが、3歳児配置改善加算は残ることになりました。令和6（2024）年度の公定価格は、3歳児については「加算があって初めて法的な基準を満たす金額」になり、4歳以上児については、チーム保育加配加算を取得している場合は、「法的には厳しくなったが給付費は増えない」になってしまっています。
>
> 　制度の緻密な設計の結果でこのような形になっているのだとは思いますが、将来的には基本分単価に含まれる形になるなどの方向に進めばよいなと思います。

幼	保	認こ(教)	認こ(保)	家	小(AB)	小(C)	事	居
○		○						

2－6　講師配置加算

　1号単価：6,010円　月額：90,150円（6,010円×1号認定児童15人）

　絶対必要配置職員を満たし、ほかの加算に必要な必要保育教諭を配置した上で、さらに非常勤講師を配置した場合に加算されます。

　平成30（2018）年度までは、この非常勤講師は幼稚園や認定こども園における基本分単価に含まれる配置でしたが、平成31（2019）年度（令和元年度）以降は、加算の形に置き換わりました。

○加算対象となる要件

① 絶対必要配置職員を満たし、ほかの加算に必要な必要保育教諭を配置した上で、さらに非常勤講師を配置していること。つまり誰かをこのポジションに指定する必要があります。このポジションに充てた人は、年齢別配置基準の対象に加えることができません。ほかの加算において求められる職員にも充てられません。

② 非常勤講師は、幼稚園教諭免許を有し、辞令を発令されていること。

③ 1号の利用定員合計が35人以下もしくは121人以上の施設。

○そもそも講師って何？ 教諭と何が違う？

講師も教諭もどちらも人に教える職業ですが、学校等の教員採用試験に合格し、正規雇用されている人を教諭と呼びます。そして、免許は持っているが、教員採用試験に合格していない、もしくは何らかの理由で試験を受けていないが、非常勤で雇用されている職員を講師と呼びます。

幼	保	認こ(教)	認こ(保)	家	小(AB)	小(C)	事	居
○		○						

2-7 通園送迎加算

通園送迎を行う施設に対して加算します。なお、運転手については、必ず雇用しなければならないわけではありません。職員が運転手を兼ねていても、外部委託をしていても構いません。

また、年間に必要な経費を平準化して公定価格を設定しているため、長期休業期間中も加算が適用されます。そして、バス通園を利用する1号認定子どもだけでなく、1号認定子ども全員に加算されます。ちなみに、2・3号認定子どもが利用するのは問題ありません。

> 三木市ではこのように決めています

加算の取得に際しては、運転する者全員の運転免許証の写し、添乗する者のローテーションや経路等を確認します。

○加算対象となる要件

経費をかけて通園送迎を行っていること。

第 3 章 | 加算について知ろう

幼	保	認こ(教)	認こ(保)	家	小(AB)	小(C)	事	居
○			○					

2－8　給食実施加算

　給食を実施する施設に対し、調理員の人件費等（外部委託費を含む）を加算します。なお、施設内で給食を作成している場合と外部搬入している場合で、単価が変わります。

　また、年間に必要な経費を平準化して公定価格を設定しているため、長期休業期間中も加算が適用されます。

> 三木市ではこのように決めています

　加算の取得に際しては、調書に加え、直近の献立表の写し等を確認します。外部委託等を行っている場合は、契約書の写しも確認します。

〇加算対象となる要件

　給食を提供できる体制をとっていること。

〇週当たりの実施日数

　就業期間のうち、平均的な月当たり給食実施日数（1号子ども全員に対し給食を提供できる体制をとっている月あたりの日数（20日以上の場合は20日））を4で割って算出します。

〇自園調理と外部搬入の違い

　自園調理は、安全面、栄養面、衛生面や食育等、守るべき事項をクリア（これを「きめ細かな調理」といいます）し、自施設の調理設備を用いて調理している場合を指します。よって、この業務を給食事業者に委託し、自施設で給食を作成している場合は、外部委託でも「自園調理」の扱いになります。

　外部搬入は、その名のとおり給食を外部で作成している場合を指します。パンやゼリー等まで厳格にありとあらゆるメニューを100％施設内で作るとしているわけではなく、一部外部搬入に頼るメニューがあったとしても、提供する給食の大半が自園調理であれば問題はありません。ただし、ご飯だけ自園で炊いて、ほかはすべて外部搬入しているなど、大半が外部搬入により運営している場合については、自園調理とは呼べませんので注意してください。

　また、外部から搬入した給食を電子レンジ等で加温しただけの場合も、

外部搬入の扱いとなります。

2－9　チーム保育加配加算

幼	保	認こ(教)	認こ(保)	家	小(AB)	小(C)	事	居
○		○	○					

１＋２号単価：4,250円　加配人数：2人として　月額：807,500円
（単価×１・２号児童×加配人数）

　絶対必要配置職員を満たし、ほかの加算に必要な必要保育教諭を配置した上で、さらに３歳児以上の子どもに対し、副担任等学級担任以外のフリーの保育教諭を配置し、少人数でのグループ化した教育・保育を行う場合に加算します。

　加算対象の児童は、3歳児クラス以上の児童（教育・保育問わず）です。

　この加算は、基本単価がかなり高いため、取りたい加算の１つと思われます。ただし、ほかの取りたい加算について必要な常勤換算上の保育教諭数を差し引いて、常勤換算上の保育教諭数がどれだけ残るかが重要です。

　たとえば、加配人数の上限が２人の施設において、もし加配人数が１人だった場合、対象子ども数にもよりますが、加配人数が２人と１人の場合の差額は年間で600万円以上になる可能性もあります。

　なお、85ページに記載したように、4歳以上児配置改善加算との併給はできないので注意しましょう。

○加配人数の上限

１号と２号の利用定員合計が…

45人以下	1人
46人以上150人以下	2人
151人以上240人以下	3人
241人以上270人以下	3.5人
271人以上300人以下	5人
301人以上450人以下	6人
451人以上	8人

〇常勤換算人数の計算

最終的に残った常勤換算上の保育教諭数が、

① 3人未満の場合：小数点第1位を四捨五入します。

② 3人以上の場合：小数点第1位の数値により以下のとおり処理します。

　　小数点第1位が1か2の場合：小数点第1位を切り捨て

　　小数点第1位が3か4の場合：0.5とする

　　小数点第1位が5以上の場合：小数点第1位を切り上げ

2-10　チーム保育推進加算

幼	保	認こ(教)	認こ(保)	家	小(AB)	小(C)	事	居
	〇							

　保育所版の"取りたい加算"の1つです。加算の名前がチーム保育加配加算に似ており、混同しやすい加算ですが、取れる施設区分や取扱いが異なります。

　この加算は、ベテラン保育士が若手保育士とチームを組んで保育できる体制を整えることで、保育士の負担軽減を図るほか、キャリアに応じた賃金改善を行うことにより保育士の定着を促進し、全体として保育の質の向上を図るものです。

　そのため、ほかの取りたい加算について必要な常勤換算上の保育士数を差し引いて、常勤換算上の保育士数がどれだけ残るかも重要ですが、加えてベテラン保育士がいること、そしてこの加算で得た加算額は、その全額を保育士の増員または賃金改善に充てる必要があります。

　なお、85ページに記載したように、4歳以上児配置改善加算との併給はできないので注意しましょう。

〇加算取得に係る要件（すべてクリアしていること！）

・　ほかの取りたい加算について必要な常勤換算上の保育士数を差し引いて、残った常勤換算上の保育士数の小数点第1位を四捨五入して、加配できる人数を決定します。なお、利用定員が120人以下は1人、121人以上は2人が上限となります。

・　ベテラン保育士の位置づけを含めた、チーム保育の体制を整備して

いること。特に３〜５歳児における複数保育士による保育体制の構築が必要です。

・　職員の平均経験年数が12年を超えていること。この数値は、処遇改善等加算Ⅰの平均経験年数の算定により判断します（140ページを参照）。

・　この加算によって得た加算額のすべてを、保育士の増員または賃金改善に充てていること。

※この加算は使途が定められているため、年度終了後に、この加算による賃金改善状況を報告する必要があります。

幼	保	認こ(教)	認こ(保)	家	小(AB)	小(C)	事	居
○		○	○					

2－11　外部監査費加算

公認会計士等による外部監査を実施した施設に対して、実施に係る経費を３月分の単価に加算します。施設全体で40〜60万円の加算になるので、この外部監査に係る費用をまかなうことができます。積極的に活用すべき加算の１つです。

外部監査の内容等については、幼稚園に係る私立学校振興助成法（昭和50年法律第61号）第14条第３項の規定に基づく公認会計士または監査法人の監査及びこれに準ずる公認会計士または監査法人の監査と同等のものとします。

外部監査を受けた場合、この外部監査の監査対象になっている会計部分については、軽微でない指摘事項があった場合を除けば、市区町村の会計監査を省略することができます。なお、職員配置基準等の監査については、この限りではありません。

加算の確認は、監査契約書や監査報告書の写しなど、実施状況がわかる資料を確認します。

○外部監査を受けるメリット

外部監査が「加算」として存在していることからもわかりますが、子ども・子育て支援制度上、外部監査は義務ではありません。ただし、外部監査を受けることにより以下のようなメリットがあります。財務基盤が強固な施設は強いです。これも取りたい加算の１つです。

① 財務に関する書類（財務諸表）の信頼性がアップ

外部の公認会計士等による監査証明により、計算書類の信頼性が向上します。

② 公認会計士との情報交換

会計処理の考え方や決算書のアドバイス等、経理レベルの向上につながります。

また、社会福祉法人特有の会計処理の仕方について、相談先を確保できます。

③ 市区町村等による会計監査の免除が可能

この外部監査を受けることにより、「軽微ではないレベルの指摘」があった場合を除き、この外部監査の対象の会計の部分については、市区町村等による会計監査を省略できる場合があります（所在の市区町村に確認が必要です）。

○加算対象となる要件

当年度の３月までに外部監査を実施することが確認できること。

※監査報告書の作成時期が翌年度になる場合でも、監査実施契約が締結されているなど、確実に外部監査が実施できていることが確認できれば、当年度の加算対象になります。

幼	保	認こ(教)	認こ(保)	家	小(AB)	小(C)	事	居
	○		○		○		○	○

2−12　休日保育加算

日曜日、国民の祝日及び休日に保育を実施する施設に対して、休日保育の年間延べ利用子ども数の規模に応じて保育教諭等の職員を休日に確保するための経費等を加算します。

延べ利用子ども数は、たとえば１人の子どもが休日保育を月に４回利用した場合は４人とカウントします。調書等により、配置体制や利用状況を確認します。

○加算対象となる要件

日曜日や国民の祝日及び休日において、以下の要件を満たして保育を実施する施設であること。

① 休日保育を提供する年間延べ利用子ども数が1名以上であること。

※ほかの施設を利用する子どもを休日に受入れた場合もカウントします。ただし、保育認定を受けている子どもであることが条件です。

② 休日における保育教諭の配置体制を確認できること。

③ 対象となる子どもに対し、適宜、間食や給食を提供すること。

④ 対象となる子どもが、原則、休日に保育が必要な保育認定子どもであること。

○注意点

・ 休日保育実施施設としての指定を受けている施設であったとしても、年間一度も休日保育を行わなかった場合、加算は取れません。

・ 給食や間食の提供は平日の保育の提供と同じです（給食実施加算には、給食等の提供に関する費用も含まれています）。

・ 職員配置は平日の保育の提供と同じです。休日だからといって配置基準を満たさずに少なめの職員で対応、ということはできません。

・ 休日保育を給付化することになりますので、休日保育加算の対象となる「原則、休日等に常態的に保育を必要とする保育認定子ども」が休日保育を利用する場合、当該休日保育の利用に対し、所得に応じた利用者負担とは別に、利用料を追加で徴収することはできません（一時預かりとしての利用の場合は除きます）。

幼	保	認こ(教)	認こ(保)	家	小(AB)	小(C)	事	居
	○		○	○	○	○	○	

2−13　減価償却費加算

以下の要件すべてに該当する施設に加算します。減価償却費加算は、就学前教育・保育施設整備補助金などの補助対象となる整備等を実施しながら、この補助金の交付を受けない場合に加算対象になる可能性があります。

※賃借料加算と減価償却費加算は、取れるのはどちらか一方のみです。

○加算対象となる要件

① 施設の用に供する建物が自己所有であること。

※施設内の一部に賃貸物件がある場合は、自己所有の建物の延べ面積

が施設全体の延べ面積の50%以上であれば、該当扱いになります。

② 建物を整備・改修または取得する際に、建設資金または購入資金が発生していること。

③ 建物を整備・改修または取得する際に、国の補助金等の交付を受けていないこと。

④ 賃借料加算の対象でないこと。

〇「③建物を整備・改修または取得する際に、国の補助金等の交付を受けていないこと」の考え方

対象の改修工事等が、施設整備等の国庫補助を受けた場合はもちろん、過去に施設整備費等の国庫補助の交付を受けて建設した建物についても、原則として加算対象外になります。ただし、整備後一定年数が経過した後に、以下の要件すべてに該当する改修等について補助金を使わずに行った場合には、「補助を受けていない扱い」にすることが可能です。

・ 老朽化等を理由として改修等が必要であったと市区町村が認める場合、その改修工事等を行わなければ教育・保育にどのように影響があるかをしっかりと説明する必要があります。建築設計事務所等による建物の検査の結果など、第三者の評価書類等があるほうが望ましいです。

・ 今回の工事に国庫補助が使われていないこと。

・ 1施設当たりの改修等に要した費用を2,000で除して得た値が、建物全体の延面積に2を乗じて得た値を上回る場合で、かつ、改修等に要した費用が1件の工事契約で1,000万円以上であること。

（例）延べ面積3,200㎡の認定こども園において、2,000万円の工事をした場合

$$20{,}000{,}000 \div 2{,}000 \quad > \quad 3{,}200 \times 2$$

この加算は、どのタイミングで適用するのか、またいつまで適用するのか、そして「整備後一定年数経過後の"補助を受けていない扱い"」は何年経過してからなのか等、各自治体で決めておく必要があります。

〇複数の単価が設定されている減価償却費加算

減価償却費加算は、その施設の状況によって、複数の単価が設定されています。

- 「認可施設」と「機能部分」

　この加算は、原則として保育に係る加算です。そのため、保育に関する部分が認可部分として認められている保育所や幼保連携型認定こども園及び保育所型認定こども園の保育所部分は「認可施設」としての単価設定になります。

　幼稚園型認定こども園は、幼稚園が保育所機能をプラスして認可されている施設ですので、「機能部分」の単価が適用されます。ただし、幼稚園型認定こども園は１号認定子どもがかなりの割合を占め、２・３号認定子どもの定員や在籍数が少ないことが多いので、加算額が小さくなってしまう可能性がありますので注意しましょう。

- 「都市部」と「標準」の区分

　施設が所在する自治体の、その年の４月１日時点での人口密度が1,000人／k㎡以上の場合に「都市部」の単価が適用されます。

第 3 章 | 加算について知ろう

Column　子どもがお金に見える？

　民間施設において、在籍している子どもの人数は給付費の額などに大きな影響を与えます。あまりよい表現ではありませんが、民間施設の経営者からすると子どもがお金に見えてしまうことがあると思います。これについて、給付担当としては、園の健全な運営のために、そして大切な従業員を守るためには必要な部分だという意味において、経営者の1つの目線の持ち方として正しいと思います。

　しかしその反面、それが行き過ぎてしまうと、給付費を大きくすることが目的になってしまう危険性があります。その結果、定員や現場の状況よりも給付費の額を優先することになり、園の運営バランスを壊してしまいかねません。

　昨今、教育・保育のために支払われる給付費や補助金などが、一部の人間の私的流用に消えたりするような事件もありますが、教育・保育事業はあくまでも子どものために設計された事業（教育・保育給付の正式名は「子どものための教育・保育給付」）ですので、事業の性質、目的をしっかりと理解した上、子どもたちに胸を張れるような法人経営をしていただきたいと思います。

2－14　賃借料加算

幼	保	認こ (教)	認こ (保)	家	小 (AB)	小 (C)	事	居
	○		○	○	○	○	○	

　以下の要件すべてに該当する施設に加算します。賃貸借契約の写し等により内容を確認します。

<u>※賃借料加算と減価償却費加算は、取れるのはどちらか一方のみです。</u>

○加算対象となる要件

① 認定こども園の用に供する建物が<u>賃貸物件</u>であること。

　※施設内の一部に自己所有部分がある場合は、賃貸の建物の延べ面積が施設全体の延べ面積の50％以上であれば、該当扱いになります。

② 対象の賃貸物件に対する賃借料を支払っていること。

③ 賃借料に係る国の補助金等の交付を受けていないこと。

④　減価償却費加算の対象でないこと。

○単価の考え方

　賃借料加算は、その施設の状況によって、複数の単価が設定されています。

・　「地域区分」

　　以下の表のとおり、都道府県別にA～Dで地域区分が分けられています。

区分		都道府県
A地域	標準	埼玉県　千葉県　東京都　神奈川県
	都市部	
B地域	標準	静岡県　滋賀県　京都府　大阪府　兵庫県　奈良県
	都市部	
C地域	標準	宮城県　茨城県　栃木県　群馬県　新潟県　石川県　長野県　愛知県 三重県　和歌山県　鳥取県　岡山県　広島県　香川県　福岡県　沖縄県
	都市部	
D地域	標準	北海道　青森県　岩手県　秋田県　山形県　福島県　富山県　福井県 山梨県　岐阜県　島根県　山口県　徳島県　愛媛県　高知県　佐賀県 長崎県　熊本県　大分県　宮崎県　鹿児島県
	都市部	

・　「認可施設」と「機能部分」

　　この加算は、原則として保育に係る加算です。そのため、保育に関する部分が認可部分として認められている保育所や幼保連携型認定こども園及び保育所型認定こども園の保育所部分は「認可施設」としての単価設定になります。

　　幼稚園型認定こども園は、幼稚園が保育所機能をプラスして認可されている施設ですので、「機能部分」の単価が適用されます。ただし、幼稚園型認定こども園は1号認定子どもがかなりの割合を占め、2・3号認定子どもの定員や在籍数が少ないことが多いので、加算額が小さくなってしまう可能性がありますので注意しましょう。

・　「都市部」と「標準」の区分

　　施設が所在する自治体の、その年の4月1日時点での人口密度が1,000人／km²以上の場合に「都市部」の単価が適用されます。

第 3 章 ｜ 加 算 に つ い て 知 ろ う

幼	保	認こ(教)	認こ(保)	家	小(AB)	小(C)	事	居
	○		○		○		○	○

2－15　夜間保育加算

　保育所、保育所型認定こども園については、「夜間保育所の設置認可等について（平成12年3月30日児発第298号厚生省児童家庭局長通知）」により認可された施設、保育所型以外の認定こども園及び適用可能な地域型保育事業所については、以下の要件に適合すると市区町村に認定された施設が、夜間保育を実施する場合に加算されます。

（1）設置経営主体

　夜間保育の場合は、生活面への対応や個別的な援助がより一層求められることから、保育に関し、長年の経験を有し、良好な成果をおさめているものであること。

（2）事業所

　保育認定子どもに対して夜間保育を行う施設であること。

（3）職員

　施設長は、幼稚園教諭または保育士の資格を有し、直接子どもの保育に従事することができる者を配置するよう努めること。

（4）設備及び備品

　仮眠のための設備及びその他夜間保育のために必要な設備、備品を備えていること。

（5）開所時間

　保育認定子どもに係る開所時間は原則として11時間とし、おおよそ午後10時までとすること。

　夜間保育の認可を受けた施設が、夜間に保育に欠ける児童を、夜間に受け入れることが条件です。「夜10時まで利用できる」だけを切り取ると、ニーズとしては少ないわけではないのですが、まとまった需要については地域差があること、保育士そのものの不足、そして夜間保育の難しさから、加算を取得している施設は全国でもあまり多くはありません。また、認可施設の夜間保育は、「夜間」とはいえ徹夜で保育をしているわけではなく、原則としては夜10時までであることも勘違いされやすいポ

099

イントです。宿泊を伴う保育を行っているのは、ベビーホテル（認可外保育施設）があります。

なお、既存の施設に夜間保育施設を併設することも可能ですが、保育室等は別で用意する必要があります。

2－16　副食費徴収免除加算

幼	保	認こ(教)	認こ(保)	家	小(AB)	小(C)	事	居
○	○	○	○					

利用する子ども全員に副食のすべてを提供できる日があり、かつ副食費徴収免除対象子どもに副食のすべてを提供できる施設に在籍する子どもの単価に加算します。

この加算は、令和元（2019）年10月からスタートした国の教育・保育の無償化に伴い生まれた加算です。無償化前の副食費については、1号認定子どもについては保育料とは別に実費徴収しており、2号認定子どもについては、保育料の中に含まれていました。

この教育・保育の無償化により、3歳以上の子どもの保育料が無償化されましたが、その中に含まれる副食費については、施設に通っていなくても生活の上で必要となる経費であるため、引き続き保護者が負担すべき、ということで無償化の範囲から切り出されることになりました。ただし、年収360万円未満相当世帯の子どもと第3子以降は副食費を免除します、というルールを作りました。これが副食費徴収免除加算です。

副食費の取扱いについて（国の制度）

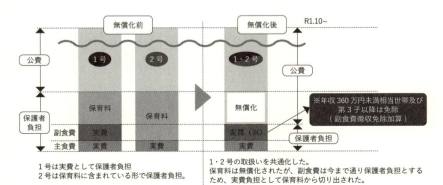

第 3 章 | 加算について知ろう

○注意点

　施設で徴収している副食費の金額が副食費徴収免除加算の単価を上回る運用をしていたとしても、副食費徴収免除加算対象者からその差額を徴収することはできませんので注意しましょう。

○対象となる子ども（副食費徴収免除対象子ども）

　1号認定子ども及び3歳児以上2号認定子どものうち、以下のどちらかの理由に該当するとして市区町村から副食費の徴収が免除になる通知を受けた子ども

① 年収360万円相当未満世帯の子ども

　1号認定：市区町村民税所得割合算額77,101円未満

　2号認定：市区町村民税所得割合算額57,700円未満

　※要保護世帯（ひとり親もしくは障がい者の人と同居している世帯）の場合は77,101円未満

令和元年度における特定教育・保育施設等の利用者負担（月額）

○ 令和元年度予算に基づき国が定める利用者負担の上限額基準（国庫（都道府県）負担金の精算基準）は、以下のとおり。

	教育標準時間認定の子ども（1号認定）		保育認定の子ども				
			（2号認定：満3歳以上）		（3号認定：満3歳未満）		
	階層区分	利用者負担	階層区分	利用者負担		利用者負担	
				保育標準時間	保育短時間	保育標準時間	保育短時間
多子カウント年齢制限なし	①生活保護世帯	0円	①生活保護世帯	0円	0円	0円	0円
	②市町村民税非課税世帯（所得割非課税世帯含む）（～約270万円）	3,000円（0円）	②市町村民税非課税世帯（～約260万円）	6,000円（0円）	6,000円（0円）	9,000円（0円）	9,000円（0円）
	③市町村民税所得割課税額77,100円以下（～約360万円）	10,100円（3,000円）	③所得割課税額48,600円未満（～約330万円）	16,500円（6,000円）	16,300円（6,000円）	19,500円（9,000円）	19,300円（9,000円）
			④所得割課税額57,700円未満77,101円未満（～約360万円）	27,000円（6,000円）	26,600円（6,000円）	30,000円（9,000円）	29,600円（9,000円）
有り（小学校3年生以上）	④市町村民税所得割課税額211,200円以下（～約680万円）	20,500円	〃	97,000円未満（～約470万円）27,000円	26,600円	30,000円	29,600円
			〃	⑤所得割課税額169,000円未満（～約640万円）41,500円	40,900円	44,500円	43,900円
	⑤市町村民税所得割課税額211,201円以上（約680万円～）	25,700円	有り（小学校就学前）	⑥所得割課税額301,000円未満（～約930万円）58,000円	57,100円	61,000円	60,100円
				⑦所得割課税額397,000円未満（～1,130万円）77,000円	75,800円	80,000円	78,800円
				⑧所得割課税額397,000円以上（1,130万円～）101,000円	99,400円	104,000円	102,400円

ここで線引き！

第1 〔 〕参考は、ひとり親世帯、在宅障害児（者）のいる世帯、その他の世帯（生活保護法に定める保護者等特に配慮している市町村の長が認めた世帯）の額。
第2 第3欄に該当した合の最も近い年度の号認定の利用者負担額は、3号認定の額を適用する。
第3 1号認定の7歳年少2以下の範囲、2・3号認定は小学校就学前の範囲において、特定教育・保育施設等を同時に利用する最年長の子どもから順に1人目は半額、3人以上（市町村民税非課税世帯（年収約360万円未満相当の世帯）については第2子以降）は無料。ただし、年収360万円未満相当の世帯については、これらの年齢のカウントにおける年齢制限を撤廃する。
第4 給付単価を限度とする。
第5 1号認定においては、平成26年度の保育料水準を下回る場合が多いとき、市町村が定める利用者負担額よりも低い私立幼稚園・認定こども園については、現在の水準を基に各施設が定める額とすることも認める（経過措置）。

出典：内閣府子ども・子育て本部「子ども・子育て支援新制度について（令和元年6月）」を基に作成

② 第3子以降の子ども

　1号認定：小学校3年生までの子どもで判定

101

2号認定：小学校就学前の子どもで判定
〇月の給食実施日数及び単価計算の考え方
　1号認定に係る各月の給食実施日数については、副食を提供できる体制をとっている日になります。20日を超える場合は20日で計算します。
　1号認定の加算額は、1日あたりの単価で設定されているため、この単価に毎月の給食実施日数を乗じて加算額を求めます。
　2号認定の加算額は月額で設定されているため、日数計算等はありません。

2－17　障がい児保育加算

　0歳児クラスなら、1人あたり年額約84万円
　1・2歳児クラスなら、1人あたり年額約170万円
　障がい児を受け入れている事業所において、絶対必要配置職員の中の年齢別配置基準を、次の算式で求め、配置する場合に加算します。
　具体的には、障がい児2人につき1人の配置を行う必要があります。

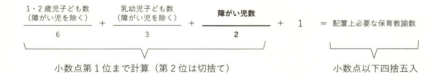

〇加算対象となる要件
① 　ここでいう「障がいがある子ども」とは、障害者手帳や療育手帳を絶対に持ってないとダメというわけではありません。手帳を持っていればもちろん対象にはなりますが、日頃の子どもの状況により、手帳は持っていないとしてもどうしても該当する子どもに対して加配が必要な場合など、理由を説明できる上で、市区町村長の許可があれば対象にできます。
② 　「障がいがある子どもを受け入れている」とは、各月の初日において障がい児が1人以上利用していることで条件を満たせます。

2－18　資格保有者加算

幼	保	認こ(教)	認こ(保)	家	小(AB)	小(C)	事	居
				○		○		○

　家庭的保育者が保育士資格、看護師免許、准看護師免許のいずれかを有する場合に加算されます。なお、小規模保育事業所Ｃ型の場合は、資格所持者の人数に応じた加算額になります。家庭的保育者の免許状等の写しを確認することにより加算の是非を判断します。

2－19　家庭的保育補助者加算

幼	保	認こ(教)	認こ(保)	家	小(AB)	小(C)	事	居
				○				

　家庭的保育補助者を配置する家庭的保育事業所に加算します。家庭的保育補助者として市区町村に認定された人であることが必要です。配置する家庭的保育補助者の認定状況がわかる書類等を確認することにより加算の是非を判断します。

2－20　家庭的保育支援加算

幼	保	認こ(教)	認こ(保)	家	小(AB)	小(C)	事	居
				○				

　家庭的保育支援者または連携施設から代替保育等の特別な支援を受けて保育を実施する場合に加算されます。

　家庭的保育支援者は、以下の要件を満たした上で市区町村の認定を受け、家庭的保育者や家庭的保育補助者に対し指導・支援を行います。基本的には専任の者を連携施設に配置していなければなりません。また、家庭的保育支援者1人あたり家庭的保育者3〜15人の配置を標準とします。

○家庭的保育支援者の要件

- 　保育士であり、10年以上の保育所勤務または家庭的保育の経験があり、一定の研修を修了していること。
- 　心身ともに健全であること。
- 　乳幼児への保育の理解があり、虐待等の問題がないこと。
- 　児童福祉法及び児童買春、児童ポルノに係る行為等の処罰及び児童の保護等に関する法律の規定により、罰金以上の刑に処せられたことがないこと。

○連携施設

　家庭的保育事業者は、自身の体調不良や休暇の際に保育を委託できるよう、幼稚園や保育所、認定こども園を連携施設として確保する必要があります。また、連携施設は、家庭的保育事業で行うことが困難な集団保育や、3歳児クラス以上の預け先としての役割も担います。

　家庭的保育事業者はおおむね1〜2人の職員で保育を行うため、緊急時の対応を迅速に行えるよう、連携施設との緊密な連携をされていることが必要不可欠です。連携施設は、家庭的保育事業者が円滑に保育を実施できるよう、必要な指導や援助を行うことが求められます。

2－21　保育士比率向上加算

幼	保	認こ(教)	認こ(保)	家	小(AB)	小(C)	事	居
					B型のみ			

　小規模保育事業所のB型基準は、年齢別配置基準における保育士の割合が50％以上に規定されていますが、この割合が75％以上になる場合に加算されます。

　保育士部分の人件費にあたる費用が加算されるため、単価は大きめです。

2－22　連携施設加算

幼	保	認こ(教)	認こ(保)	家	小(AB)	小(C)	事	居
								○

　居宅訪問型保育事業者が、自身の体調不良や休暇の際に保育を委託できるよう、幼稚園や保育所、認定こども園を連携施設として確保する場合に加算されます。

　また、原則として、障がいや疾病等の程度を勘案して集団保育が著しく困難であると認められる乳幼児に対する保育を行う場合には、当該乳幼児の障がい、疾病等の状態に応じ、適切な専門的な支援その他の便宜の供与を受けられるよう、あらかじめ障害児入所施設等と連携しておく必要があります。その場合は、この加算における特別な単価が適用されます（「家庭的保育事業等の設備及び運営に関する基準」第37条・第40条もチェックしましょう）。

第 3 章 | 加算について知ろう

・3 加減調整部分

年齢別配置基準を下回っていたりする場合などに適用される加算です。

幼	保	認こ(教)	認こ(保)	家	小(AB)	小(C)	事	居
		○	○					

3－1 主幹保育教諭等の専任化により子育て支援の取組みを実施していない場合★

絶対必要配置職員のうち、<u>主幹保育教諭</u>や<u>主幹専任化代替職員が配置されていない</u>、または配置していても次に記載する「子育て支援の取組み」を1号、2・3号それぞれで2個以上実施できていない場合に、減算の対象となります。

> 三木市ではこのように決めています

なお、主幹保育教諭（2・3号）の代替職員は常勤であること、主幹保育教諭（1号）の代替職員は非常勤も可です（三木市では80h／月以上）。

○1号に関わるもの

> 子育て支援の取組みの詳細は80ページ！

（ア）幼稚園型一時預かり事業

（イ）一般型一時預かり事業

（ウ）満3歳児に対する教育・保育の提供

（エ）障がい児に対する教育・保育の提供

（オ）継続的な小学校との連携・接続に係る取り組みをしている

（カ）園内研修を企画・実施している

○2・3号に関わるもの

（ア）延長保育事業

（イ）一般型一時預かり事業

（ウ）病児保育事業

（エ）乳児が3人以上利用している施設

（オ）障がい児に対する教育・保育の提供

105

3-2　年齢別配置基準を下回る場合

　絶対必要配置職員（主幹専任化代替職員を除く）を満たしていない場合に適用されます。認定こども園でこの減算項目が適用される場合、教育・保育両部門で適用されます。これが適用される状況は、基本的に絶対必要配置職員を満たせていないため、配置に関する加算がほぼ取れない上にこの減算を受けることになります。

　たとえば、1号定員15人、2・3号定員100人、定員数＝児童数の施設において、常勤換算で2名分の職員が不足する場合、年間1,100万円程度の減算を受けることになります。

　この項目の計算上は、不足する職員の「人数」を計算する必要があります。この「人数」は、施設全体の必要保育教諭（幼稚園の場合は教諭。認定こども園の場合は主幹専任化代替職員を除く）から実際に配置する保育教諭（幼稚園の場合は教諭。認定こども園の場合は主幹専任化代替職員を除く）の数を差し引いた数で求めます。認定こども園の場合は、1号と2・3号それぞれで計算するため、算出された人数を2で割って計算します。

3-3　配置基準上求められる職員資格を有しない場合

　絶対必要配置職員に算定される教育・保育従事者のうち、保育士資格と幼稚園教諭免許両方の資格がない者がいる場合に適用されます。

　たとえば、1号定員15人、2・3号定員100人、定員数＝児童数の施設で2名（常勤換算）の教育・保育担当者が資格を持っていない場合、年間750万円程度の減算を受けることになります。ただし、国が示している猶予期間（令和6（2024）年度時点では令和11（2029）年度末まで）は、保育士資格と幼稚園教諭免許のどちらか片方を所持していれば保育教諭として取り扱えるため、この減算の適用からは外れます。

第 3 章 | 加算について知ろう

幼	保	認こ(教)	認こ(保)	家	小(AB)	小(C)	事	居
			○					

3－4　教育標準時間認定子どもの利用定員を設定しない場合

　1号認定子どもの利用定員を設定しない施設に適用される加算です。なお、1号認定の利用定員を定めていても、1号認定としての利用が「0人」だった月は適用可能です。

　この加算は、基本分単価において、1号と2・3号にまたがる費用について、1号と2・3号の基本分単価にそれぞれ等分して計上していることに伴う調整です。またがる費用について、2をかけて算定した場合の差額の調整と、事務職員に係る費用を削減する調整をしています。

幼	保	認こ(教)	認こ(保)	家	小(AB)	小(C)	事	居
	○		○					

3－5　分園の場合

○そもそも分園とは何なのか

　分園は、国通知「保育所分園の設置運営について」「幼保連携型認定こども園において新たに分園を設置する場合の取扱いについて」に基づき設置されます。本体となる施設（以降、中心園）とは離れてはいるものの、本体施設と一体的に運営される小規模の保育施設をいいます。なお、分園「だけ」を運営することはできません。

○分園の設置条件

① 中心園から通常の移動手段で30分以内の距離にあること。

② 利用定員は30名程度まで。なお、30人を超える利用定員設定も可能です。

③ 分園は「中心園の一部」という考えなので、分園の施設長は配置不要。

④ 分園は「中心園の一部」という考えなので、嘱託医、調理員については省略可能。

⑤ 配置基準や設備は、子どもの受け入れ人数に応じ、分園単独で法的な要件を充足する必要があります。ただし、調理室は給食を本園から搬入する場合は不要にできます。

※温めたり、保存したりする設備は最低限置く必要があります。

⑥　中心園と同一の敷地内に分園は設置できません。

⑦　園庭は共用でもOKですが、その場合は中心園と分園の定員合計に対応した面積が必要です。

⑧　定員構成は自由です。0〜2歳児クラスだけでもよいし、0〜5歳児クラスを受ける形も可能です。

⑨　加算項目はそれぞれの施設が取得を検討します（本園と統一ではありません）。

○分園のメリット・デメリット

　分園は、規模が小さいので、広い土地も必要がなく、施設そのものも短期間かつ比較的少ない費用で整備できます。本園の近所にある店舗の跡地を居抜きで整備するパターンもあります。また、将来的に子どもが減少した場合に本園に吸収するなどの柔軟な対応が行いやすい、本園との一体的な運営を行うことから保育の質を維持しやすいという特徴があります。一部の職員等の配置が不要または省略できるので、人件費コストもその分軽くなります。

　ただし、分園の規模が大きくなってくると、本園とあまり変わらない体制で運営する必要があり、本園の園長が施設間の移動や事務の増大等、負担が大きくなる可能性があります。

○分園の給付費計算

　分園を設置する施設の場合、「基本分単価」、「処遇改善等加算Ⅰ」、「加減調整部分における施設長を配置していない場合」については、中心園と分園それぞれの定員区分を基に単価を計算しますが、分園の場合に係る調整については、「基本分単価」及び「処遇改善等加算Ⅰ」の合計額の「10／100」を差し引いた額が適用されます。また、その他の加算については中心園と分園の定員を合計した定員区分を基に単価を計算します。

例）保育定員100人の中心園と、保育定員30人の分園の場合

3－6　施設長を配置していない場合

幼	保	認こ(教)	認こ(保)	家	小(AB)	小(C)	事	居
	○							

　絶対必要配置職員の中で規定している、施設長を配置していない場合に対象となります。施設長の要件は、56ページを確認してください。

　基本分単価において、施設長の人件費を算定し、一定の経験や能力を有する施設長が常時実際にその施設の運営管理の業務に専従していることを要件としており、要件を満たしていない場合は、減算するしくみになっています。よって、2以上の施設またはほかの事業と兼務し、施設長として職務を行っていない場合は欠員とみなされ、要件を満たす施設長を配置したことにはなりません。ただ、保育所の施設長がほかの施設や事業の職員と兼務すること自体はご法度というわけではありません。

3－7　管理者を配置していない場合

幼	保	認こ(教)	認こ(保)	家	小(AB)	小(C)	事	居
					○	○	○	

　絶対必要配置職員の中で規定している、管理者を配置していない場合に対象となります。管理者の要件は、69ページを確認してください。

　原則として常時直接保育に携わっている場合は、施設の管理運営をしているとはみなせないため、減算の対象になります。ただし、保育士の急な休みなど、ピンチヒッターとして保育に携わる場合は問題ありません。ただし、それが常態化するようだとやはり減算になる可能性があります。

減算額については、小規模保育事業所等（＝利用定員19人）の場合、児童数＝定員数の場合で年額600万円程度の減算になります。基本分単価の中の、管理者に係る人件費が削られるイメージです。

幼	保	認こ （教）	認こ （保）	家	小 (AB)	小 (C)	事	居
				○	○	○	○	

3−8　連携施設を設定して
　　　　いない場合

　「家庭的保育事業等の設備及び運営に関する基準（平成26年4月30日厚生労働省令第61号）」第6条に規定される連携施設を設定していない場合に減算の対象となります。

　以下3つの条件にどれも当てはまらない場合は、この減算が適用されます。

① 合同保育の実施

　⇒園庭開放でそれぞれの児童を一緒に保育するなど、共同で運動会などのイベントを行っているかどうか。

② 事故対応に関すること（代替保育の提供）

　⇒小規模保育事業所等側の職員が、病気その他何らかの理由で保育の提供ができないときに、連携先の認定こども園等側が代わって保育の提供を行う体制を取れているか。

③ 卒園児の受け入れに関すること

　⇒小規模保育事業所等は、基本的には2歳児クラスまでしかありません。その子の3歳児クラス以降の籍について、受け入れの体制を取っているか。

※「全員受け入れが必須！」というよりは、連携先の認定こども園等があるから、どこにも行けなくなることはないよ、という扱いになります。減算額については、年間おおむね25万円程度の減算になります。

第 3 章 | 加 算 に つ い て 知 ろ う

幼	保	認こ(教)	認こ(保)	家	小(AB)	小(C)	事	居
					○	○	○	

3 - 9　食事の提供について自園調理
又は連携施設等からの搬入以外の方法による場合

　児童に提供する給食を、自園調理か連携施設からの搬入以外の方法で行っている場合に適用されます。たとえば、連携施設が自園調理で給食の提供を行っているのに、小規模事業所側が給食委託会社に直接委託している場合などは減算の対象になります。

　減算額については、小規模保育事業所Ａ型の場合、基本分単価・処遇改善等加算Ⅰ・夜間保育加算の単価が９％減ります。

幼	保	認こ(教)	認こ(保)	家	小(AB)	小(C)	事	居
								○

3 - 10　特定の日に保育を
行わない場合

　月曜日から土曜日までのうち、「毎週水曜日は利用なし」といった特定の日において保育に利用希望がないなど、保育認定子どもが利用しない日があらかじめ決まっているときに保育を行わない事業所に適用します。

　処遇改善等加算Ⅰを含む基本分単価、夜間保育加算、連携施設加算の単価が、事業を行わない週当たりの日数×７〜９％の減算になります。

111

幼	保	認こ(教)	認こ(保)	家	小(AB)	小(C)	事	居
	○		○	○	○	○	○	

3－11　土曜日に閉所する場合

　土曜日に係る保育の利用希望がないなどの理由により、当該月の土曜日に閉所する日がある施設に適用します。開所していても保育を提供していない場合は、閉所しているものとして取り扱います。「自施設の児童に保育を提供しているか否か」が１つのポイントとなります。

　なお、ほかの特定教育・保育施設、地域型保育事業所（居宅訪問型保育事業所は除く。）または企業主導型保育施設と共同保育を実施することにより、施設を利用する保育認定子どもの土曜日における保育が確保されている場合には、土曜日に開所しているものとして取り扱います。

○減算する場合・しない場合の条件の概要

①	国民の祝日及び休日、年末年始（12/29 ～ 1/3）	減算しない
②	施設が独自に決めた休園日が土曜日の場合 （入園のしおり等で事前に保護者に周知している場合）	減算しない
③	感染症拡大や災害等、特別な事情がある場合	次ページ参照
④	開所していても保育の提供をしていない （誰も利用者がいない）場合	減算する
⑤	開所したが当日キャンセルにより誰も利用者がいない場合	減算しない
⑥	ほかの特定教育・保育施設等と土曜日の共同保育を実施している場合	次ページ参照

○「⑥ほかの特定教育・保育施設等と土曜日の共同保育を実施している場合」の具体的な考え方

条件：施設AとBが共同保育を実施している。
　　　ⓐは施設Aの在籍児童、ⓑは施設Bの在籍児童。

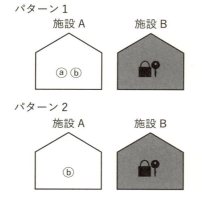

施設A・Bの関係性が、同一法人内の施設であっても、別法人の施設であってもこの取扱いは同じです。

公定価格に関するFAQ154の「土曜日が5日ある月の場合調整率の区分の取扱い」及び「土曜日が4日ある月でそのうち1日が祝日の場合の調整率の区分の取扱い」について

	月に1日閉所	月に2日閉所	月に3日閉所	月に4日閉所	月に5日閉所
土曜日が月5日ある月	「月に1日閉所」の区分	「月に2日閉所」の区分を適用	「月に3日以上閉所」の区分	「月に3日以上閉所」の区分	「すべて閉所」の区分
土曜日が月4日そのうち1日が祝日	「月に1日閉所」の区分	「月に2日閉所」の区分	「すべて閉所」の区分	—	—

> 三木市ではこのように決めています

○③の「特別な事情」に当たる事項

土曜日が次の状況に該当する場合、「減算しない」とします。

ただし、この考え方は、あくまでも加算項目「土曜日に閉所する場合」の適用に係る要件であり、実際に閉所していたとしても"減算対象にならない"だけであり、実際に「開所しなくてもよい、開所してはいけな

い」ということではありません。

- 対象となる土曜日の午前7時時点で、市区町村に警報が発令されている場合

  ※"兵庫県播磨南東部"などの「地域」ではなく、"三木市"などの「市町区村」に発令されている場合が対象です。

  ※大雨や洪水など、警報の種類は問いません。

  ※午前8時で警報が解除されたとしても、午前7時時点で警報が発令されていれば、減算対象にはなりません。

- 地震

  地震については、震度による明確な区分はありませんが、地震により施設が一部損壊するなどの影響があり、児童を保育するにあたり危険が生じるなど、説明が可能な場合は対象外になります。

  ※別途証明書類の提出が必要となる場合があります。

- 感染症拡大による限定保育適用期間

  いわゆる令和2（2020）年4月中旬から6月末までのような期間は減算対象外で、市が対象期間を決定します。緊急事態宣言やまん延防止等重点措置発令期間中がすべてこれにあたるわけではありませんのでご注意ください。

- 感染症発生に伴う休園措置

  クラスター認定の是非は問いません。

- 保育認定子どもの参加を前提とした行事の場合

  運動会や音楽会、遠足、入園式や卒園式など。

第 3 章 | 加 算 に つ い て 知 ろ う

Column 知識継承はとても大事です

　教育・保育給付制度の内容がわかってくると、なんとなく制度設計の裏側を想像し、苦労や苦悩が垣間見えることもあります。実際、非常に緻密で、さまざまなケースの想定や関係各所の事情を考慮して抜け漏れがないように作られていると思います。だからこそ、複雑に入り組んでおり、なぜこうなっているのか説明が難しい部分が多いのだろうと思います。

　ただ、運用する側としては、非常にわかりづらい。場合によっては、正解がわからない制度をミスに怯えながら日々運用するのは非常に効率が悪いと感じます。緻密に作られた制度も、正確に運用できなければもったいないと思いますので、ある程度の正確性を犠牲にしてでも、バッサリと割り切ってわかりやすい内容になるといいなと思います。

　自治体担当者は通常、数年で交代します。しかし交代初年度から、これまでと同様のパフォーマンスを求められますので引継ぎが大事なのですが、この制度は短期間の引継ぎでなんとかなるようなレベルではないと思います。三木市では、課内レク資料を整備して、毎年レクを実施することでパフォーマンスを下げないようにしています。

・ 4　乗除調整部分

　各認定区分において利用定員を一定以上、一定期間以上にわたって超過している場合に、基本分単価や基本加算部分に係る金額を乗除調整するものです。

幼	保	認こ (教)	認こ (保)	家	小 (AB)	小 (C)	事	居
○	○	○	○		○	○	○	

定員を恒常的に超過する場合

　1号認定区分の場合は直前の連続する2年間、2・3号認定区分の場合は直前の連続する5年間、毎月常に利用定員を超えており、かつ、各年度の年間平均在所率が利用定員×120％以上の状態の施設に減算として適用されます。

　なお、利用する子ども数の調整、もしくは定員を変更することにより、年度内の年間平均在所率が120％を下回るだろうと見込まれた場合は、その見直しが行われた月の翌月から減算は解除されます。

○減算率の考え方

　基本分単価と基本加算部分（副食費徴収免除加算を除く）、ほかの加減調整部分について算定後、その認定区分に応じた減算率を掛けます。

　減算率は、令和4（2022）年度までは、仮に1号定員が15人の施設で減算適用となった場合、その対象月に何人在籍していたとしても、25人定員の単価より少し低くなるレベルでした。令和5（2023）年度以降は、減算対象となった場合、その対象月の定員区分における在籍児童に応じた減算率を計算します。

（例）

【令和4（2022）年度まで】

3／100地域で1号定員15人の認定こども園が減算対象になった場合

　⇒対象月の1号在籍児童数が何人いても単価は63％に減算されます。

　　対象となる単価合計が10万円の場合、63,000円になる計算です。

【令和5（2023）年度以降】

3／100地域で1号定員15人の認定こども園が減算対象になり、対象月の1号在籍児童数が42人の場合

　⇒単価は45％に減算されます（令和6（2024）年度当初単価設定）。

　　対象となる単価合計が10万円の場合、45,000円になる計算です。

※次の表で算定します（2、3号用の表もあり）。

定員を恒常的に超過する場合に係る調整率　認定子ども園（教育標準時間認定）

「例の場合はココです」（表中：1号・15人まで・4歳以上児／36人から45人まで＝45/100）

地域区分	定員区分	認定区分	年齢区分	利用子ども数																
				15人まで	16人から25人まで	26人から35人まで	36人から45人まで	46人から60人まで	61人から75人まで	76人から90人まで	91人から105人まで	106人から120人まで	121人から135人まで	136人から150人まで	151人から180人まで	181人から210人まで	211人から240人まで	241人から270人まで	271人から300人まで	301人以上
3/100地域	15人まで	1号	4歳以上児		63/100	50/100	45/100	40/100	37/100	36/100	35/100	34/100	33/100	32/100	31/100	31/100	30/100	30/100	29/100	29/100
			3歳児																	
	16人から25人まで	1号	4歳以上児			79/100	71/100	64/100	60/100	57/100	55/100	54/100	52/100	51/100	50/100	49/100	48/100	47/100	47/100	46/100
			3歳児																	
	26人から35人まで	1号	4歳以上児				91/100	81/100	75/100	72/100	70/100	68/100	66/100	65/100	63/100	61/100	60/100	60/100	59/100	58/100
			3歳児																	
	36人から45人まで	1号	4歳以上児					90/100	84/100	80/100	78/100	76/100	73/100	72/100	70/100	68/100	67/100	66/100	66/100	65/100
			3歳児																	
	46人から60人まで	1号	4歳以上児						93/100	88/100	87/100	84/100	81/100	77/100	76/100	74/100	74/100	73/100	72/100	72/100
			3歳児																	
	61人から75人まで	1号	4歳以上児							95/100	93/100	90/100	88/100	86/100	83/100	82/100	80/100	79/100	78/100	78/100
			3歳児																	
	76人から90人まで	1号	4歳以上児								98/100	95/100	92/100	90/100	88/100	86/100	84/100	83/100	82/100	82/100
			3歳児																	
	91人から105人まで	1号	4歳以上児									97/100	94/100	92/100	90/100	88/100	86/100	85/100	84/100	83/100
			3歳児																	
	106人から120人まで	1号	4歳以上児										97/100	95/100	92/100	90/100	89/100	88/100	87/100	86/100
			3歳児																	
	121人から135人まで	1号	4歳以上児											98/100	95/100	93/100	91/100	90/100	89/100	89/100
			3歳児																	
	136人から150人まで	1号	4歳以上児												97/100	95/100	93/100	92/100	91/100	90/100
			3歳児																	
	151人から180人まで	1号	4歳以上児													98/100	96/100	95/100	93/100	93/100
			3歳児																	
	181人から210人まで	1号	4歳以上児														98/100	97/100	96/100	95/100
			3歳児																	
	211人から240人まで	1号	4歳以上児															99/100	98/100	97/100
			3歳児																	
	241人から270人まで	1号	4歳以上児																99/100	98/100
			3歳児																	
	271人から300人まで	1号	4歳以上児																	99/100
			3歳児																	
	301人以上	1号	4歳以上児																	
			3歳児																	

出典：こども家庭庁「令和6年度公定価格単価表」別表第2を一部加工して作成

・ 5 特定加算部分

5－1 療育支援加算

幼	保	認こ(教)	認こ(保)	家	小(AB)	小(C)	事	居
○	○	○	○					

　障がいがある子どもを受け入れている施設で、主幹保育教諭等を補助する者を配置し、地域住民等の子どもの療育支援に取り組む場合に加算します。

　療育や発達支援はとても重要な取り組みですが、加算額は高くても年間で70万円程度です。

○加算対象となる要件

① 　ここでいう「障がいがある子ども」とは、障害者手帳や療育手帳を絶対に持ってないとダメというわけではありません。手帳を持っていればもちろん対象にはなりますが、日頃の子どもの状況により、手帳は持っていないとしてもどうしても該当する子どもに対して加配が必要な場合など、理由を説明できるのであれば対象にできます。

② 　障がいがある子どものうち、特別児童扶養手当支給対象の子どもがいる場合は、加算額は「A」になります。いない場合は「B」になります。

③ 　「障がいがある子どもを受け入れている」とは、各月の初日において障がい児が1人以上利用していることで条件を満たせます。

④ 　「主幹保育教諭等を補助する者」は、非常勤でもOKです。また、保育士資格や幼稚園教諭免許の有無は問いません。ただし、誰がそのポジションにいるのかを決めておく必要があります。

　　なお、これに該当する人は、職員数の換算対象にはなりません。

第 3 章 | 加算について知ろう

> ### Column　療育と給付
>
> 　療育は、保育の世界でもキャリアアップ研修の項目に含まれていることからもわかるように、とても重要な取り組みです。
>
> 　療育は、個別の特性に対応する必要があるため、必然的にコストがかかります。ところが、給付面から見ると、療育支援加算の金額はとても小さいように思えます。加配の子どもの人数が多くなってくると、この加算だけでは療育をカバーするのは困難です。
>
> 　こども家庭庁が、将来の保育施設において障がいの有無にかかわらず安心して共に過ごすことができる地域づくりを進めるため、地域における障がい児の支援体制の強化や保育所等におけるインクルージョンを推進すべきだと掲げるのであれば、給付費（公定価格）が療育にしっかりと対応できるルールに拡充されることを切に願っています。
>
> 　現在において療育とは、一言で言うと「障がい等がある子どもに対して行う支援」のことを指し、狭い意味では発達支援とほぼ同義として扱われています。元々は医療と教育を掛け合わせた造語で、「肢体不自由児の社会的自立のためのアプローチ」という概念でしたが、今ではさまざまな意味を持つ言葉になっています。

幼	保	認こ （教）	認こ （保）	家	小 (AB)	小 (C)	事	居
○								

5－2　主幹教諭等専任加算★

　絶対必要配置職員で必要な職員を配置した上で主幹教諭等（学校教育法第27条に規定する副園長や教頭、主幹教諭、指導教諭）の代替教諭を配置し、次の「子育て支援の取組み」を2つ以上実施している場合に加算されます。認定こども園における主幹保育教諭代替職員は必置の職員ですが、幼稚園における主幹教諭等代替職員は、加算による配置の扱いとなります。

119

○子育て支援の取組み

> 子育て支援の取組みの
> 詳細は80ページ！

（ア）幼稚園型一時預かり事業

（イ）一般型一時預かり事業など非在園児の預かり

（ウ）満３歳児に対する教育・保育の提供

（エ）障がい児に対する教育・保育の提供

（オ）継続的な小学校との連携・接続に係る取り組みをしている

（カ）園内研修を企画・実施している

5－3　子育て支援活動費加算

幼	保	認こ (教)	認こ (保)	家	小 (AB)	小 (C)	事	居
○								

　<u>主幹教諭等専任加算を取得した上で</u>、保護者や地域住民からの育児相談や地域の子育て支援活動等に取り組んでいる場合に加算されます。相談記録や活動状況などを確認し、加算を適用します。

5－4　主任保育士専任加算★

幼	保	認こ (教)	認こ (保)	家	小 (AB)	小 (C)	事	居
	○							

　絶対必要配置職員で必要な職員を配置した上で主任保育士の代替保育士を配置し、以下の「子育て支援の取組み」を２つ以上実施している場合に加算されます。認定こども園における主幹保育教諭代替職員は必置の職員ですが、保育所における主任保育士代替保育士は、加算による配置の扱いとなります。

○子育て支援の取組み

> 子育て支援の取組みの
> 詳細は80ページ！

（ア）延長保育事業

（イ）一般型一時預かり事業

（ウ）病児保育事業

（エ）乳児が３人以上利用している施設

（オ）障がい児に対する教育・保育の提供

5－5　事務職員の配置に関する加算①
　　　　事務職員配置加算

幼	保	認こ(教)	認こ(保)	家	小(AB)	小(C)	事	居
○		○						

　事務職員の配置に関する加算は、施設区分や定員条件により複数存在します。

　まずは、事務職員配置加算です。

　施設全体の利用定員合計が91人以上の施設が、絶対必要配置職員で必要な事務職員及び非常勤事務職員を配置した上で、さらに非常勤事務職員を配置する場合に加算されます。

　事務職員は、絶対必要配置職員としての園長等の兼務は可能ですが、この加算の取得のための事務職員は、配置が必要で、兼務不可です。たとえばフリーの保育教諭を事務職員として配置する場合は、その職員は年齢別配置基準の必要保育教諭の職員数換算対象から外れます。

5－6　事務職員の配置に関する加算②
　　　　事務負担対応加配加算

幼	保	認こ(教)	認こ(保)	家	小(AB)	小(C)	事	居
○		○						

　施設全体の利用定員が271人以上の施設で、事務職員配置加算を取得した上で、さらに非常勤事務職員を配置する場合に加算されます。

5－7　事務職員の配置に関する加算③
　　　　事務職員雇上費加算★

幼	保	認こ(教)	認こ(保)	家	小(AB)	小(C)	事	居
	○							

　絶対必要配置職員として事務職員を配置し、さらに以下の「子育て支援の取組み」のうち、1つ以上を行っていれば加算されます。なお、園長等の兼務または業務委託する場合は、配置は不要です。

○子育て支援の取組み

（ア）延長保育事業

（イ）一時預かり事業（一般型）

（ウ）病児保育事業

子育て支援の取組みの詳細は80ページ！

（エ）乳児が３人以上利用している
（オ）障がい児が１人以上利用している

○「園長等の職員が兼務する場合又は業務委託をする場合は、配置は不要であること。」について

それぞれの加算や基本配置にこの記載がありますが、何でもかんでも兼務で処理できるわけではありません。

まず１人目として配置すべき職員については、園長等が兼務することは可能です。ただし、そこから追加で配置する職員については、園長兼務等での配置はできません。

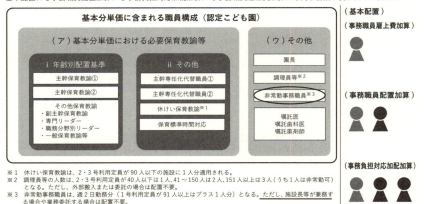

「園長等の職員が兼務する場合又は業務委託をする場合は、配置は不要であること。」について
基本配置にも事務職員配置加算にも事務負担対応加配加算にも事務職員雇上費加算にも同じ言葉が使われていますが……

○民間施設に必要な事務体制

民間施設における教育・保育事業の事務は、平成27（2016）年度の制度改正以降、非常に増加しています。平成26（2015）年度以前の２～３倍はあるのではないでしょうか。たとえば90人定員の認定こども園であれば、フルタイムの事務職員１人では足りないと思います。

教育・保育給付では事務職員は園長等が兼務できるので、保育士等に比べて事務職員は軽視されがちなのですが、現在の制度において、保育

第 3 章 ｜ 加 算 に つ い て 知 ろ う

所・認定こども園等の事務職員の配置は非常に重要です。場合によって
は、園長が事務を兼務していたり、保育士が一部担っていたりする場合
もあるかもしれません。しかし、そのようなプレーイングマネージャー
状態だと、オーバーワークに陥りやすく、そうなると保育現場に影響が
出るばかりか、本来の業務ではないのでいつも追われているような間に
合わせの書類を提出することになり、結果、不備が多かったり、取れる
加算が取れていなかったりします。保育環境のためにも、必要な加算を
取りこぼさないようにするためにも、事務職員はしっかりと配置するこ
とをおすすめします。そのための給付費です。専従の事務職員の配置に
は、雇用コストがかかりますが、事務職員がバックオフィスをしっかり
務めてくれる効果は、雇用コストより大きなものになると思います。

幼	保	認こ(教)	認こ(保)	家	小(AB)	小(C)	事	居
○								

5-8 指導充実加配加算

　絶対必要配置職員を満たし、ほかの加算に必要な必要保育教諭を配置
した上で、さらに非常勤講師を配置した場合に加算されます。

　また、1号と2号の利用定員合計が271人以上の施設であることが条
件です。

　講師配置加算の大規模園版のイメージです。配置する非常勤講師の人
件費相当の金額が想定されており、年間でおおむね100万円程度の加算
額になります。

幼	保	認こ(教)	認こ(保)	家	小(AB)	小(C)	事	居
○	○	○	○	○	○	○		

5-9 冷暖房費加算

　夏季や冬期における冷暖房費に係る経費について、施設が所在する地
域に応じて加算されるものです。居宅訪問型を除く全施設が対象となり
ます。「冷暖房費」とはいうものの、根拠としては寒い地域への手当に関
する法律を基準としています。

※「国家公務員の寒冷地手当に関する法律」に基づく地域区分となりま
　す。

123

幼	保	認こ(教)	認こ(保)	家	小(AB)	小(C)	事	居
○		○	○					

5－10　施設関係者評価加算

　施設に関する評価を実施し、その結果を公表し情報提供をするとともに、公開保育や保護者⇔園長等との意見交換会などを実施する場合に加算対象となります。

　また、評価の内容については、ホームページや広報誌への掲載、保護者への説明等により広く公表することが必要です。

　なお、評価の内容については、「幼稚園における学校評価ガイドライン」（またはこれに基づいて自治体が作成したもの）に準拠し、自己評価の結果に基づいて実施するとともに、公開保育や園長等との意見交換の場を確保することなどが求められます。

〇加算取得に必要な評価

① 　認定こども園法施行規則第23条または学校教育法施行規則第39条において準用する第66条の規定による評価（自己評価）

② 　認定こども園法施行規則第24条または学校教育法施行規則第39条において準用する第67条の規定による評価

③ 　施設職員を除く、施設に関係する者（保護者や地域関係者など）による評価（施設関係者評価）

〇加算取得の際に必要となる資料

・ 　各評価の実施状況がわかる資料（評価報告書など）

・ 　公開保育等の実施状況がわかる資料

※評価の実施時期等の都合により、公表がどうしても翌年度になってしまう場合でも、各評価が確実に行われていることを証明できる資料を提出している場合は、加算の対象になります。

幼	保	認こ(教)	認こ(保)	家	小(AB)	小(C)	事	居
○	○	○	○	○	○	○	○	

5－11　除雪費加算

　豪雪地帯に所在する施設に対して、除雪費用に掛かる経費を3月分の単価に加算するものです。豪雪地帯対策特別措置法第2条第2項に規定する地域に所在する施設が対象になります。なお、指定区分（豪雪地帯・

特別豪雪地帯）による単価の差はありません。子ども１人あたり6,000円程度の加算額が、３月にのみ加算されます。

5－12　降灰除去費加算

幼	保	認こ(教)	認こ(保)	家	小(AB)	小(C)	事	居
○	○	○	○	○	○	○	○	

　火山のふもとなど、降灰防除地域に所在する施設に対し、対応費用に掛かる経費を３月分の単価に加算するものです。活動火山対策特別措置法第23条第１項に規定する降灰防除地域に所在する施設が対象になります。１施設あたり15 ～ 16万円程度の加算額が３月にのみ加算されます。

5－13　高齢者等活躍促進加算★

幼	保	認こ(教)	認こ(保)	家	小(AB)	小(C)	事	居
	○		○					

　高齢者等を一定の雇用条件のもとで雇用し、かつ126ページに記載する「子育て支援の取組み」を１つ以上実施している場合に３月分の単価に加算するものです。

※「高齢者等」と名前にこそ「高齢者」が入っていますが、対象となるのは次に示すとおり、高齢者だけではありません。

○対象者の範囲

①　加算当年度の４月１日現在、もしくは年度途中で雇用する場合は雇用初日時点で満60歳以上の人

②　身体障害者・知的障害者・精神障害者

　※障害者手帳や療育手帳・判定書など、証明できる資料を所持している人

③　ひとり親に該当する人

　※母子家庭の母、父子家庭の父など

○対象者の雇用条件

①　対象者を、絶対必要配置職員以外に非常勤職員として雇用すること。

　※非常勤職員は１日６時間未満または月20日未満勤務であること。

②　対象者全員の年度中の累積年間総雇用時間が400時間以上見込まれること。ここの総雇用時間が、400時間以上⇒800時間以上⇒1200時間

125

以上のラインで、加算額が変わります。

③　業務内容は、利用する子どもの話し相手や身の回りの世話、施設清掃等、その人に合った業務を割り当ててもらうこと。

④　特定就職困難者雇用開発助成金の対象施設の場合は、その助成金の対象者はこの加算対象にはできません。

○子育て支援の取組み★

　以下の各種事業のうち、2つ以上事業を実施していることが必要です。各事業の条件は、「主幹保育教諭等の専任化により子育て支援の取組みを実施していない場合」（105ページ）の「子育て支援の取組み」と"ほぼ"同じです。

（ア）延長保育事業

（イ）一般型一時預かり事業

（ウ）病児保育事業

（エ）乳児が3人以上利用している施設

（オ）障がい児に対する教育・保育の提供

○特定就職困難者雇用開発助成金って何？

読み飛ばしOK

　厚生労働省所管の助成金で、高年齢者や障がい者等の就職困難者をハローワーク等の紹介により、継続して雇用する労働者（雇用保険の一般被保険者）として雇い入れる事業主に対して助成されるものです。

　この助成金の対象施設で、この助成金の対象者が高齢者等活躍促進加算の対象にしようとした場合、お金の二重取りになってしまうため、対象外ということになります。

幼	保	認こ(教)	認こ(保)	家	小(AB)	小(C)	事	居
○	○	○	○	○	○	○	○	

5-14　施設機能強化推進費加算★

　防災に関する取り組みを実施していて、かつ「子育て支援の取組み」（128ページ）を2つ以上実施している場合に3月分の単価に加算するものです。

126

第 3 章 | 加算について知ろう

〇防災に関する取り組みに必要な条件

①　地域との防災支援の協力体制づくりや、合同避難訓練等を実施していること。

②　取り組みに必要となる経費総額が16万円以上見込まれること。

　※防災訓練及び避難具の整備等に要する特別の経費に限り、教育・保育の提供にあたって、通常要する費用は含みません。

　※イメージ的には、防災に必要そうな消耗品（備蓄食料等）や、いざというときにあると助かる備品の購入費用等が該当します。

よくある質問！

(1)　子どもが2〜3人乗れるキャリーワゴンは対象にできるの？

　⇒要注意です。

　施設が所在する自治体に**必ず**確認してもらう必要がありますが、もし日常の保育でも使う想定にしているのであれば**NG**の可能性が高いです。

　災害専用で、ノーパンク仕様であることなど、条件がいろいろついてくる可能性があるのでご注意ください。

(2)　AED設置に係る費用は対象にできるの？

　⇒対象になる可能性があります（ただし、所在の自治体への確認が必要です）。

　買い取りの費用、リース費用、パッドやバッテリーの交換費用、AEDのための訓練用品（マネキン等）が対象費用です。ただし、リースの場合、返却時に返金される保証金の類は対象外になります。なお、大前提として、加算を適用したい年度に施設がその費用を支払っていることが条件になります。

(3)　暑さ指数計（WBGT計）は対象にできるの？

　⇒かなり微妙です……。

　気持ちはわかりますが…

　近年の暑さはよく「災害級」と表現されますが、令和6（2024）年度時点で災害対策基本法における災害の定義に「猛暑」は含まれていません。また、日常に使用してこそ意味のある物品ですので、この加算の対象にするのはかなり難しいと思われます。

127

○子育て支援の取組み★

　以下の各種事業のうち、2つ以上事業を実施していることが必要です。

　各事業の条件は、「主幹保育教諭等の専任化により子育て支援の取組みを実施していない場合」の「子育て支援の取組み」と"ほぼ"同じです。

（ア）延長保育事業

（イ）幼稚園型一時預かり事業

（ウ）一般型一時預かり事業

（エ）病児保育事業

（オ）満3歳児に対する教育・保育の提供（1号認定満3歳児のみ）

（カ）乳児が3人以上利用している施設

（キ）障がい児に対する教育・保育の提供

幼	保	認こ (教)	認こ (保)	家	小 (AB)	小 (C)	事	居
○	○	○	○					

5－15　小学校接続加算

　小学校との連携や接続に関する取り組みを行っている施設に<u>3月のみ</u>加算されます。

　それぞれの施設は、基本的にどこかの小学校の校区内に設置されています。その小学校に対し、在籍する子どもが円滑に小学校に入学できるような取り組みをしていれば、加算の対象となります。ただし、その内容により、加算は2段階に分けられています。

　今までよく使われていた「小学校連携」にプラスして、幼保小の架け橋プログラムの策定・実施状況が加算に大きな影響を与えます。

○加算対象となる要件

① 小学校との連携・接続に関する業務分掌を明確にしていること。

② 授業や行事、研修会等、小学校の教職員との交流事業を行っていること。

③ 小学校と協働して、5歳児から小学校1年生の2年間（2年以上を含む）のカリキュラム「幼保小の架け橋プログラム」を編成・実施していること（小学校との継続的な協議会の開催等により具体的な編成に着手していると認められる場合を含む）。

第 3 章 | 加 算 に つ い て 知 ろ う

①と②を満たしていれば第1段階、プラス③も満たしていれば第2段階での加算が取得できます。基本的には調書にて担当者や計画等を記載しますが、交流計画については、別にまとめたものがある場合はそれを提出し、計画部分の記載を省略することも可能です。第1段階であればおおむね4万円、第2段階であればおおむね30万円程度の加算額になります。

○「小学校との継続的な協議会の開催等により具体的な編成に着手していると認められる場合を含む。」の考え方

「小学校側と協働して動いているか」が重要なポイントになります。就学前施設側だけが架け橋プログラムを策定するために一生懸命活動していたとしても、そこに小学校側の動きがなければ加算の対象とすることはできません。もちろん逆も然りです。

三木市ではこのように
決めています

就学前施設側と小学校側が協働して策定に向けた動きをしていれば、架け橋プログラムが未策定の施設でも加算を第2段階で取得することができます。

○「幼保小の架け橋プログラム」について

子どもに関わる大人（つまり保育教諭や小学校教諭等）が立場を超えて連携し、架け橋期（義務教育開始前後である5歳児クラスから小学校1年生の2年間）の育ちを一体的に捉え、主体的・対話的で深い学びの実現を図り、一人ひとりの多様性に配慮した上ですべての子どもに学びや生活の基盤を育むことを目指すものです。

「幼児期の終わりまでに育ってほしい10の姿」を共有し、共通の視点をもって教育課程や指導計画などを具体化できるようなプログラムである必要があります。

これまでも、保育所や認定こども園等と小学校の連携は行われていましたが、「架け橋期」としての連携ではなく、病児の交流や就学前児童の引継ぎ等の情報共有がメインになりがちでした。もちろんこの情報もと

129

ても重要な話です。だからこそ、小学校接続加算においても第1段階で要件を満たしておくべきハードルになっています。

しかし、これは就学前施設として小学校と適切な連携を行っていく上で必要な活動です。今後は、子どもの健やかな成長のためにも、昔からいわれている「小1プロブレム」の解消のためにも、今までの連携にプラスして幼保小の架け橋プログラムに注力する必要があります。子どもの学びや育ちをつなぐ架け橋期のカリキュラムを編成・実施することにより教育内容や教育方法を工夫することで、幼児教育期から小学校教育へと円滑に橋渡ししていくことが求められています。

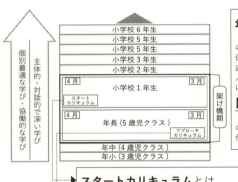

○「幼児期の終わりまでに育ってほしい10の姿」とは　読み飛ばしOK

「幼児期の終わりまでに育ってほしい10の姿」は、省略して「10の姿」などと呼ばれたりもします。文部科学省が示す、幼児教育の修了時までに領域内容ごとに育ってほしい資質や能力を示しています。

1歳以上3歳未満児の保育を行う上でのねらいと内容を5つに分類して示した「5領域」と呼ばれるものがあり、「健康」「人間関係」「環境」「言

葉」「表現」がこれにあたります。「10の姿」は、この5領域を踏まえた上で、それぞれの中で、年長の時期に特に伸ばしていく項目を示したものです。この項目は、人間としての能力や学びの基礎であり、またあくまでも幼児教育終了時に育っていてほしい「目安」なので、「ゴール」ではありません。幼少期からスタートして、小学校入学後も継続的に育まれていくことが想定され、そのための幼保小の架け橋プログラムでもあります。

この「10の姿」は、「幼稚園教育要領」「保育所保育指針」「幼保連携型認定こども園教育・保育要領」の改定に伴い、平成30（2018）年から施行されました。施設区分を問わず共通する目標とされています。

この指針は、就学前施設や小学校はもちろん、家庭での教育にも活用できる可能性があります。何でもかんでも教育につなげて理屈っぽく考える必要はありませんが、「このイベントは子どものこんな力を伸ばすために行われているのかな」「こんな声掛けをするといいかな」など、新たな視点での子育てにつながるかもしれません。

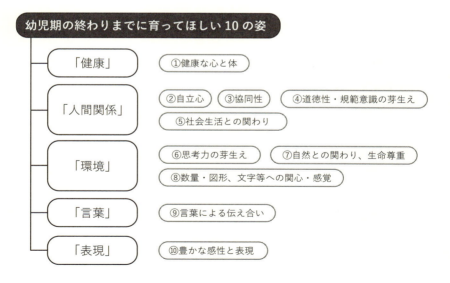

幼	保	認こ(教)	認こ(保)	家	小(AB)	小(C)	事	居
○	○		○	○	○	○		

5－16　栄養管理加算

　栄養士を活用して、継続的に食事の提供に関する継続的な指導を受ける施設に加算します。ここの加算でいう「栄養士」を、どのような配置にしているかにより、加算額が変わってきます。

○継続的な指導の内容（すべてを行っていること）

・　献立作成（施設への指導や助言を含みます）

・　アレルギー・アトピー等への対応（施設への指導や助言を含みます）

・　食育活動の実施等（活動内容の報告が必要です）

○栄養士の要件

（1）　**配置**：絶対必要配置職員もしくはほかの加算に当たって求められる職員とは別に、さらに栄養士を施設が雇用している場合

（2）　**兼務**：絶対必要配置職員もしくはほかの加算に当たって求められる職員が、栄養士としてのこの加算における業務を兼務している場合

（3）　**嘱託**：（1）と（2）に該当しない場合で、この加算に係る業務を外部委託にて依頼している場合等

こんな場合はどうなる？

（1）施設が栄養士を派遣契約により配置する場合は？

　⇒この場合の派遣契約は、「雇用契約等」に該当するので、「（ア）配置」になります。ただし、「（イ）兼務」に該当する場合は「（イ）兼務」です。

（2）法人本部で雇用した場合は？

　⇒「（ア）配置」になります。

　ただし、「（イ）兼務」に該当する場合は「（イ）兼務」です。

（3）栄養管理業務そのものを外部委託する場合は？

　⇒栄養士としての業務を委託しているので、「（ウ）嘱託」になります。

第 3 章 | 加算について知ろう

幼	保	認こ(教)	認こ(保)	家	小(AB)	小(C)	事	居
○	○	○	○	○	○	○	○	○

5－17 第三者評価受審加算

　一定のガイドラインに沿って、第三者評価を受審し、その結果を公表し情報提供をする場合に加算対象となり<u>3月のみ</u>加算されます。

〇加算取得に必要な条件

① 「幼稚園における学校評価ガイドライン」や「福祉サービス第三者評価基準ガイドライン」などに沿った第三者評価であること。

② 市区町村が認める第三者評価機関（または評価者）が評価を行うこと。

　※加算取得の際に必要となる資料

　　・ 市が規定する調書「第三者評価受審加算」

　　・ 各評価の実施状況がわかる資料（評価報告書など）

　※評価の実施時期や契約等の都合により、公表がどうしても翌年度になってしまう場合でも、各評価が確実に行われていることを証明できる資料を提出している場合は、加算の対象になります。

　なお、公表に関する資料も提出する必要があります。

注意!

　第三者評価の受審は、5年に1度を想定されていることから、この加算については、5年度間に1度しか取れません。

第 4 章

処遇改善等加算
について知ろう

本章では、加算の中でもとりわけ特殊な処遇改善等加算について説明します。

　処遇改善等加算は、その名のとおり職員の処遇、つまり給与を改善するための加算です。職員の賃金改善を確実に行う、という国の方針を形にしたものです。「賃金改善を確実に行う」ということは、自治体への「報告」も必要ですし、自治体側も「確認」することが必要です。だからこそ、双方がルールを理解して取り組む必要があります。

　複雑な考え方をしなければならない部分もありますので、慎重に理解を進めていきましょう。

1 「処遇改善」ってなに?

　言葉の意味そのままでいうと、「立場に見合ったふさわしい評価を得られるよう改善する」ということです。職場環境向上などもありますが、「給付」の世界でできることを端的に言えば、「給与アップ」ということになります。

　処遇改善等加算ができた目的は、「保育士不足の解消」です。待機児童問題が表面化してから、日本全国で施設が一気に増えました。ただ、施設をいくら増やそうと、保育士になる学生の数を毎年一気に増やすのは不可能です。結果、慢性的な保育士不足になりました。

　そこで、新卒の確保のほかに、保育士資格があっても保育士として働いていない人（＝休眠保育士や潜在保育士）の掘り起こしを狙うことになりました。

　なぜ保育士資格を取ったのに、他業界に就職する人が多いのか？　その理由としてよく言われたのが、「保育士は給与が低い。エッセンシャルワーカーの中でも低い。それどころか全業種の中でも低い」ということでした。

　実際、全職種の平均賃金と保育士の平均賃金には差があります。

　この差をなくそう！　ということで処遇改善等加算が導入されました。

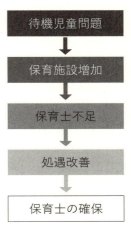

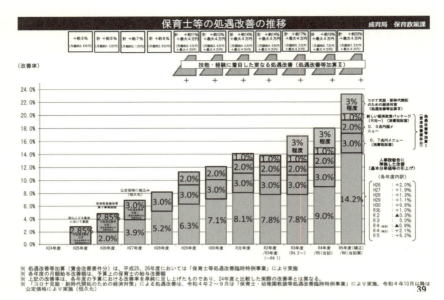

出典：こども家庭庁「全国こども政策主管課長会議資料（令和6年3月）」より引用

保育士　平均年収推移

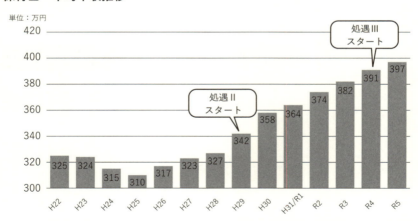

出典：厚生労働省「賃金構造基本統計調査」平成22年～令和5年の各年度調査該当部分を基に作成

第4章 | 処遇改善等加算について知ろう

2 処遇改善等加算Ⅰ

処遇改善等加算Ⅰとは、施設に勤務する職員の平均経験年数を踏まえた賃金改善やキャリアアップに関する取り組みを基に算定された加算率のことをいいます。

処遇改善加算等Ⅰのイメージ図

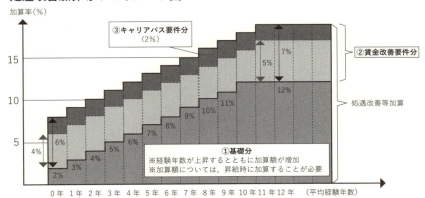

職員1人当たりの平均経験年数	加算率		
	①基礎分	②賃金改善要件分	③うちキャリアパス要件分
11年以上	12%	7 %	2 %
10年以上11年未満	12%	6 %	
9年以上10年未満	11%		
8年以上9年未満	10%		
7年以上8年未満	9 %		
6年以上7年未満	8 %		
5年以上6年未満	7 %		
4年以上5年未満	6 %		
3年以上4年未満	5 %		
2年以上3年未満	4 %		
1年以上2年未満	3 %		
1年未満	2 %		

①基礎分

基礎分は、職員の平均経験年数の上昇に応じた、昇給に関する費用を想定した部分です。算定対象職員の平均経験年数を基に算定したパーセンテージとなります。

○算定対象職員

基礎分の算定に係る対象職員は、対象年度の４月１日時点で所属する、
・　すべての常勤職員
・　１日６時間以上かつ月20日以上勤務する非常勤職員
が対象です。

つまり、どんな雇用形態であったとしても、１日６時間以上かつ月20日以上、当該施設に勤務している人は、算定対象とみなして計算します。
　一方、
・　１日６時間未満または月20日未満勤務の非常勤職員
・　産休、育休、病休の職員に代わる代替職員
・　補助事業担当の専任職員（人件費が一時預かり等の補助事業の補助対象経費になる職員）
は算定の対象外となります。

○平均経験年数の算定対象

現在勤務する施設等のほかに、以下の施設での経験年数も合算します。
・　教育・保育施設、地域型保育事業所
・　幼稚園、小学校、中学校、高等学校、中等教育学校、特別支援学校、大学、高等専門学校、専修学校
・　社会福祉事業を行う施設・事業所
・　児童相談所における児童を一時保護する施設
・　認可外保育施設
・　病院、診療所、介護老人保健施設、介護医療院、助産所（保健師、看護師または准看護師に限ります。）
　※常勤及び非常勤（１日６時間以上かつ月20日以上）勤務していた期間を算定します。平成10（1998）年３月31日以前の勤務では、賃金が月額で決定され、支給されていたことが条件です。

第4章 | 処遇改善等加算について知ろう

　この算定対象職員は、あくまでも処遇改善等加算Ⅰの加算率を算定するためのものです。賃金改善の対象職員とは異なります。

②賃金改善要件分

　賃金改善要件分は、職員の賃金改善やキャリアパス構築の取り組みに関する費用を想定しています。①で算出された平均経験年数を基に決めます。11年未満であれば<u>6％</u>、11年以上であれば<u>7％</u>になります。

　この要件を受けるにあたり、初めて処遇改善等加算Ⅰを取得する場合を除き、計画書の提出は不要となりましたが、実際に職員の賃金改善を行う必要があるため、計画的な配分を各施設できっちり行わなければなりません。また、実績報告において、自治体への報告を行う必要があります。

　実績報告書は、4月1日時点で施設に所属する<u>「全職員」</u>が、もし基準年度（基本的には前年度）の4月1日に存在したとして、全職員の支払賃金の合計が、基準年度（基本的には前年度）と比較して、今年度は減額していなかったことを確認するものになります。

　要は、<u>「施設の給与規定は前年度と比較して下がっていませんでしたよね？」</u>ということを確認するものになります。

③キャリアパス要件分

　キャリアアップの取り組みをしていない場合もしくは処遇改善等加算Ⅱの認定を受けていない場合に、②で算出した賃金改善要件分の加算率から2％減算されます。

141

"処遇改善等加算Ⅰを認定する"とは、①②③で算出する加算率を認定することです。

加算額の算定方法は、「公定価格単価表」の「処遇改善等加算Ⅰ」の欄に記載されています。

出典：こども家庭庁「令和６年度公定価格単価表」別表第２を一部加工して作成

処遇改善等加算Ⅰは、「基本分単価」や「職員配置に係る加算」に、処遇改善等加算Ⅰの金額が加算率に応じて上乗せされる形になります。基礎分はベースアップに、賃金改善要件分は処遇改善に充てます。

なお、賃金改善要件分については、処遇改善等加算Ⅰの計画書において別途算定する必要があります。そのため、ここで得た賃金改善要件分の加算額は、確実に職員の賃金改善に充てる必要があります。

〇加算対象の職員

すべての職員（常勤・非常勤問わず）が対象です。

第 4 章 | 処 遇 改 善 等 加 算 に つ い て 知 ろ う

・ 3 処遇改善等加算Ⅱ

　処遇改善等加算Ⅱは、副主幹保育教諭や専門リーダーなど、人それぞれが持つ経験や技能によってあてられた職位に応じて賃金改善を行うことにより、キャリアアップの道筋を作る取り組みを行うための人件費として加算するものです。

　そのため、この加算で算出した加算額については、必ず人件費として賃金改善に充てることが必要です。また、どの職員に、どれだけの賃金改善を行うのかを具体的に示す必要があります。もちろん対象の職員にも「あなたの処遇改善額は○○円ですよ」ということを示す必要があります。

研修修了要件
　研修修了要件の詳細は、151ページ「処遇改善等加算Ⅱに係る研修修了要件」を確認してください。

処遇改善等加算Ⅱの大まかな流れ
① 施設の平均年齢別児童数を算出します。
② 施設として取得する加算を決めます。
③ 平均年齢別児童数及び取得加算を基に処遇Ⅱの基礎職員数を算出します。
④ ③で算出した人数を基に、「人数A」「人数B」を算出します。
⑤ 「人数A」「人数B」を基に、加算見込額を算出します。
⑥ 加算見込額以上の処遇改善を行う計画を立てます。
⑦ 年度終了後、実績報告を行います。

覚えましょう！

　"処遇改善等加算Ⅱを認定する"とは、④で算出する「人数A」「人数B」を認定することです。

143

平均年齢別児童数とは

　年齢区分ごとに、在籍している児童数の年間平均を取ったものです。この児童数は、３つの方法で求めることができます。どのやり方で算出してもOKです。

① 　前年の増え方を基にした年間伸び率を基に各月の児童数を求め、平均児童数を算出する。

② 　前年の増え方が特殊で、４月の児童数を基に単純に①のやり方で求めると実態にそぐわない場合は、手計算にて行うことも可能です。

③ 　４月初日現在の児童数を平均年齢別児童数とする。

※③のやり方は計算が不要で簡単ですが、年度途中に児童数が増えることが見込まれる場合は、実際の加算額に比べて加算見込額が低くなります。

基礎職員数とは

　国から通知される処遇改善等加算に関する取扱い文書に記載された、「これだけの子どもを預かるなら、これくらいの職員は必要ですよね。そして、この加算を取る（こういう保育のやり方をする）ならこれくらいの人員は必要ですよね」という計算上の数字です。

　これを積み上げると、「施設には、これだけの職員数が必要ですよね」という数字になります。これが加算算定対象人数です。この人数が、「人数A」「人数B」を求めるために必要な人数になります。様式「処遇Ⅱ 加算対象職員数計算表」を用います。

　平均年齢別児童数、利用定員、そして各種加算に割り当てられた算定上の職員数を基に計算します。小数点以下は四捨五入します。

　加算に割り当てられる算定上の職員数は、毎年細かいところで変わる可能性があるため、平均年齢別児童数や取得する加算が全く同じであっても、人数A・Bが変わってくる場合があります。

第 4 章 | 処遇改善等加算について知ろう

> 様式「処遇Ⅱ 加算対象職員数計算表」の法的根拠はコレです。

> 国通知「施設型給付費等に係る処遇改善等加算について」の後半に、各施設区分別に規定されています。

出典：こども家庭庁「施設型給付費等に係る処遇改善等加算について」（最終改正令和6年4月12日）から一部抜粋

| 認定こども園 | 以下のa〜nの合計に、定員90人以下の場合は1.4、定員91人以上の場合は2.2を加え、o〜qの合計を減じて得た人数
a 年齢別配置基準による職員数　次の算式により算出する数
　{4歳以上児数×1/30（小数点第2位以下切り捨て）} + {3歳児及び満3歳児数×1/20（同）} + {1、2歳児数（保育認定子どもに限る。）×1/6（同）} + {乳児数×1/3（同）}（小数点第1位以下四捨五入）
　※1　3歳児配置改善加算を受けている場合
　　{3歳児及び満3歳児数×1/20（同）} を {3歳児及び満3歳児数×1/15（同）} に置き換えて算出
　※2　4歳以上児配置改善加算を受けている場合　{4歳以上児数×1/30（小数点第2位以下切り捨て）} を {4歳以上児数×1/25（同）} に置き換えて算出
　※3　満3歳児対応加配加算を受けている場合
　　ⅰ）3歳児配置改善加算を受けていない場合
　　　{3歳児及び満3歳児数×1/20（同）} を {3歳児数（満3歳児を除く）×1/20（同）} + {満3歳児数×1/6（同）} に置き換えて算出
　　ⅱ）3歳児配置改善加算を受けている場合
　　　{3歳児及び満3歳児数×1/20（同）} を {3歳児数（満3歳児を除く）×1/15（同）} + {満3歳児数×1/6（同）} に置き換えて算出
b 休けい保育教諭　2・3号定員90人以下の場合は1、91人以上の場合は0.8
c 調理員　2・3号定員40人以下の場合は1、41〜150人の場合は2、151人以上の場合は3
d 保育標準時間認定の子どもがいる場合　1.4
e 学級編制調整加配加算を受けている場合　1
f 講師配置加算を受けている場合　0.8
g チーム保育加配加算を受けている場合　算定上の加配人数
h 通園送迎加算を受けている場合　1号定員150人以下の場合は0.8、151人以上の場合は1.5
i 給食実施加算（自園調理に限る。）を受けている場合　1号定員150人以下の場合は2、151人以上の場合は3
j 休日保育加算を受けている場合　0.5
k 事務職員配置加算を受けている場合　0.8
l 指導充実加配加算を受けている場合　0.8
m 事務負担対応加配加算を受けている場合　0.8
n 栄養管理加算（A：配置）を受けている場合　0.6
o 副園長・教頭配置加算を受けている場合　1
p 主幹保育教諭の専任化により子育て支援の取組を実施していない場合であって代替保育教諭等を配置していない場合　配置していない人数（必要代替保育教諭等数−配置代替保育教諭等数）
q 年齢別配置基準を下回る場合　下回る人数（必要保育教諭等数−配置保育教諭等数） |

「人数A」「人数B」を求める

　基礎職員数を求めたら、次は「人数A」「人数B」を求めます。

　そもそも「人数A」「人数B」って何なのでしょうか？　あくまでイメージですが、以下のとおりです。

・「人数A」：園長・主幹保育教諭を除く、施設の中核を担う職員数。国はおおむね全職員の3分の1ほどを想定しているようです。

・「人数B」：中核を担う職員ではないが、キャリアを積み、何かしらの業務を任されている職員数。国はおおむね全職員の5分の1くらいを想定しているようです。

結果、下記のやり方で「人数A」「人数B」を求めます。

【「人数A」「人数B」の求め方】
　「人数A」：基礎職員数　÷　3　（小数点以下四捨五入）
　「人数B」：基礎職員数　÷　5　（小数点以下四捨五入）

　（例）基礎職員数が26人の場合
　　「人数A」：26 ÷ 3 ＝ 8.666…　⇒　9人
　　「人数B」：26 ÷ 5 ＝ 5.2　　　⇒　5人

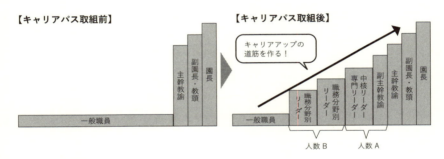

加算見込額の算出

　人数A・Bを求めたら、次は加算見込額を算出します。国から示される公定価格告示による加算単価を基に計算します。
　認定こども園については、本来は1号、2・3号それぞれで加算見込額を求め、それぞれ2分の1したものを足し合わせる方法になっていますが、事実上単純に加算単価×人数で求められるので、そのやり方で説明します。

人数Aに係る加算見込額＝加算単価×人数A×改善実施期間の月数

（※千円未満切り捨て）

人数Bに係る加算見込額＝加算単価×人数B×改善実施期間の月数

（※千円未満切り捨て）

※改善実施期間の月数は基本的に12カ月で考えてOKです。
　（例）令和6年度の認定こども園の単価：A 50,300円　B 6,290円
　　　　「人数A」：9人　「人数B」：5人　の場合
　人数Aに係る加算見込額：50,300 × 9 × 12 = 5,432,400　⇒　5,432,000円
　人数Bに係る加算見込額：6,290 × 5 × 12 = 377,400　⇒　377,000円
　⇒加算見込額：5,432,000 + 377,000 = 5,809,000円　になります。
※「人数A」に係る加算見込額と「人数B」に係る加算見込額を、それぞれ千円未満の切り捨て処理を行ってから足し合わせてください。

副園長・教頭配置加算を取得している場合の考え方

　副園長・教頭配置加算そのものは、1号認定子どもに係る単純な加算の1つですが、処遇改善等加算Ⅱにおいては少し特殊な動きをする加算です。この加算を取得している場合、処遇改善等加算Ⅱの基礎職員数を求める際に、1.0人減らす処理を行います。148ページの表の「o」の

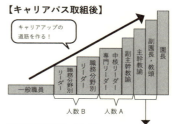

欄に記載されています。項目「p」「q」も減らす処理を行う項目です。これらはそもそもが減算の項目であるため、違和感はないと思いますが、「o 副園長・教頭配置加算を取得している場合」は加算項目なのになぜ1.0人「減らす」処理になるのでしょうか。
　これは、そもそも処遇改善等加算Ⅱがキャリアパスの取り組みによって行われる処遇改善のためのお金であり、元々存在した園長・副園長＆教頭・主任教諭への配分が想定されていないためです。
　そのため、「施設には、これだけの職員数が必要ですよね」という考え

認定こども園	以下のa〜nの合計に、定員90人以下の場合は1.4、定員91人以上の場合は2.2を加え、o〜qの合計を減じて得た人数
	a　年齢別配置基準による職員数　次の算式により算出する数 　{4歳以上児数×1/30（小数点第2位以下切り捨て）}＋{3歳児及び満3歳児数×1/20（同）}＋{1，2歳児数（保育認定子どもに限る。）×1/6（同）}＋{乳児数×1/3（同）}（小数点第1位以下四捨五入） 　※1　3歳児配置改善加算を受けている場合 　　　{3歳児及び満3歳児数×1/20（同）}を{3歳児及び満3歳児数×1/15（同）}に置き換えて算出 　※2　4歳以上児配置改善加算を受けている場合　{4歳以上児数×1/30（小数点第2位以下切り捨て）}を{4歳以上児数×1/25（同）}に置き換えて算出 　※3　満3歳児対応加配加算を受けている場合 　　ⅰ）3歳児配置改善加算を受けていない場合 　　　{3歳児及び満3歳児数×1/20（同）}を{3歳児（満3歳児を除く）×1/20（同）}＋{満3歳児×1/6（同）}に置き換えて算出 　　ⅱ）3歳児配置改善加算を受けている場合 　　　{3歳児及び満3歳児数×1/20（同）}を{3歳児（満3歳児を除く）×1/15（同）}＋{満3歳児×1/6（同）}に置き換えて算出 b　休けい保育教諭　2・3号定員90人以下の場合は1、91人以上の場合は0.8 c　調理員　2・3号定員40人以下の場合は1、41〜150人の場合は2、151人以上の場合は3 d　保育標準時間認定の子どもがいる場合　1.4 e　学級編制調整加配加算を受けている場合　1 f　講師配置加算を受けている場合　0.8 g　チーム保育加配加算を受けている場合　算定上の加配人数 h　通園送迎加算を受けている場合　1号定員150人以下の場合は1、151人以上の場合は1.5 i　給食実施加算（自園調理に限る。）を受けている場合　1号定員150人以下の場合は2、151人以上の場合は3 j　休日保育加算を受けている場合　0.5 k　事務職員配置加算を受けている場合　0.8 l　指導充実加配加算を受けている場合　0.8 m　事務負担対応加配加算を受けている場合　0.8 n　栄養管理加算（A：配置）を受けている場合　0.6 o　副園長・教頭配置加算を受けている場合　1 p　主幹保育教諭等の専任化により子育て支援の取組を実施していない場合であって代替保育教諭等を配置していない場合　配置していない人数（必要代替保育教諭等数−配置代替保育教諭等数） q　年齢別配置基準を下回る場合　下回る人数（必要保育教諭等数−配置保育教諭等数）

のもと算定された職員数から、副園長・教頭分を差し引く計算を行っています。

その結果、<u>加算は取れたが、処遇改善等加算Ⅱについては、四捨五入の関係で人数A・Bが減少してしまうこともありますので注意が必要です。</u>

出典：こども家庭庁「施設型給付費等に係る処遇改善等加算について」（最終改正令和6年4月12日）から一部抜粋

気をつけましょう

ちなみに、

・　人数Aが1人減ると⇒給付費は年額約60万円の減少
・　人数Bが1人減ると⇒給付費は年額約7〜8万円の減少

副園長・教頭配置加算の加算額は年額約130万円程度（1号定員100％在籍の場合）

もし、1号定員15人の施設で、在籍児童数が7人の場合

⇒加算額は年額65万円程度

状況は施設により異なりますが、1号認定児童の在籍が少ない場合は、最終的な加算額に影響が出ないかどうか、しっかり検討することが大事です。

配分方法

<u>この加算で算出した加算額は、すべて職員の処遇改善に充てる必要があ</u>ります。処遇改善計画は、処遇Ⅱのルールに基づいた賃金改善を加算

第 4 章 | 処 遇 改 善 等 加 算 に つ い て 知 ろ う

見込額以上に行う計画である必要があります。

対象職員

　園長と主幹保育教諭（条件付きで可）を除く、すべての職員を対象にできます。保育教諭でなくても、調理員や栄養士、事務員でもOKです。ただし、令和5（2023）年度以降は、一定の研修を修了することが段階的に必修化されます。

副主任保育士等への賃金改善

　副主幹保育教諭や専門リーダーなど、施設の中核を担う職員に対して行う配分です。

① 　**月額40,000円の賃金改善を行う職員を1人以上確保すること。**

② 　**1人以上**に対し、配分を行うこと。

※全員が4万円でもOKです（主幹保育教諭を除く）。

※教育・保育それぞれに在籍児童がいる認定こども園であれば、副主幹保育教諭は2名以上いるはずですので、実質2人以上の配分は必要です。

※主幹保育教諭への配分は基本的には認められていませんが、処遇改善等加算Ⅰ・Ⅱによる配分の結果、副主幹保育教諭が主幹保育教諭の給与を上回ってしまうなど、各施設の給与水準バランスが崩れてしまう場合には、主幹保育教諭への処遇Ⅱの配分をすることができます。ただし、その金額は職務分野別リーダーの賃金改善グループの最高額より多く、39,999円以下でなければいけません。

職務分野別リーダー等への賃金改善

　障がい児保育リーダーや保護者支援リーダーなどの職員に対して行う配分です。

① 　月額5,000円以上、副主任保育士等の賃金改善グループの最低額未満であること。

② 　「人数B」以上の人数に配分を行うこと。

配分の際に気をつけること

・ 副主幹保育教諭、主幹保育教諭（必要な場合）は必ず副主任保育士等への賃金改善グループに入ります。ほかの職員については、肩書も大きな基準の１つですが、施設運営の中核を担う職員であるかも重要な要素となります。

・ 月額４万円を超える配分はできません。

・ 当年度の加算額は毎月の給与でのみ支給できます。賞与で支給することはできません。※前年度残額分を支給する場合はこの限りではありません。

・ 「幼児教育リーダー」や「乳児保育リーダー」の呼称は元々保育所において、キャリアアップ研修の該当項目を受講した場合にあてる呼称です。もし認定こども園において、複数の一部受講等により処遇改善等加算Ⅱの研修修了要件を達成している人がいた場合は、「若手リーダー」などの辞令が想定されます（義務ではありません）。

・ 処遇改善等加算Ⅱは、誰に、いくら改善するのかを特定できるようにしておく必要があります。また、その人が研修修了要件を満たしているかも確認しておく必要があります。計画書と研修修了要件確認用の様式に記載する職種等は合わせておくようにしてください。

・ 預かり保育や放課後児童クラブなど、通常保育とは別の事業に専従する職員は、対象にすることはできません（兼務はOKです）。

・ 国からの資料で、処遇改善等加算Ⅱの配分対象の要件に「概ね７年以上」や「概ね３年以上」などの記載がありますが、これはあくまで目安ですので、施設の判断で柔軟に対象とすることができます。ただ、その職員が対象となるキャリアを積めていることを説明できる必要があります。

・ 職種の名前については、特に法的な取り決めはありませんが、「主幹保育教諭」と「副主幹保育教諭」だけはこの名称で各種書類に記載することで、自治体が各種書類の確認をスムーズに行えます。

第 4 章 | 処遇改善等加算について知ろう

・4　処遇改善等加算Ⅱにおける研修修了要件・

　以下は、処遇改善等加算Ⅱにおける研修修了要件を理解する上であらかじめおさえておきたい用語です。

○保育士等キャリアアップ研修

　保育士のキャリアアップのしくみを具体的に構築できるよう、厚生労働省が平成29（2017）年に制定した研修です。「保育士等キャリアアップ研修の実施について」（平成29年4月1日付け雇児保発0401第1号厚生労働省雇用均等・児童家庭局保育課長通知）別紙「保育士等キャリアアップ研修ガイドライン」に沿って、都道府県または都道府県知事が指定する研修実施機関が実施する研修のこと。

○旧免許状更新講習

　幼稚園教諭免許状に係る教育公務員特例法及び教職員免許法の一部を改正する法律（令和4年法律第40号）の一部施行（令和4年7月1日）より前に実施された、文部科学省の認定を受けて大学等が実施する幼稚園教諭免許所有者に対する免許状更新講習のこと。なお、令和4年7月1日以降、教員免許更新制は発展的に解消されています（更新制の廃止）。

○免許法認定講習

　現職職員が、上位の免許状等を取得しようとする際に、大学の教職課程以外で必要な単位を取得するための講習のこと。幼稚園教諭免許状の「2種⇒1種」や、「1種⇒専修」に係る講習がこれに該当します。「上進講習」という呼び方もあります。

○大学等

　大学、大学共同利用機関、指定教員養成機関もしくは免許状更新講習開設者または独立行政法人教職員支援機構もしくは独立行政法人国立特別支援教育総合研究所。

151

研修修了要件の概要

　平成29（2017）年度に創設された処遇改善等加算Ⅱは、賃金改善の対象とする職員について、一定の研修を修了することが要件化されていますが、研修受講の負担を考慮し、令和4（2022）年度までは必修化はされていませんでしたが、令和5（2023）年度以降、段階的な必修化が始まりました。

　したがって、令和5（2023）年度以降は、処遇改善等加算Ⅱ計画書等提出時の添付資料として、その施設に勤める職員の、研修修了状況を取りまとめた資料を提出する必要があります。

（ア）副主幹保育教諭・中核リーダー・専門リーダー等

⇒令和5（2023）年度から段階的に必修化し、令和8（2026）年度に完全実施
⇒各年度4月に対象となるためには、

- 令和4（2022）年度末までに1分野（15時間以上）
- 令和5（2023）年度末までに2分野（30時間以上）
- 令和6（2024）年度末までに3分野（45時間以上）
- 令和7（2025）年度末までに4分野（60時間以上）

の研修要件をクリアしておく必要があります。

※副主幹保育教諭と中核リーダーについては、受講修了した研修のうち1分野（15時間以上）はマネジメント研修であることの研修要件をクリアしておく必要があります。

副主任級・中核リーダー等

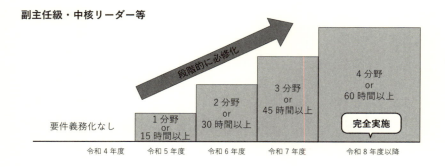

第 4 章 | 処遇改善等加算について知ろう

（イ）職務分野別リーダー・若手リーダー等

⇒令和 6（2024）年度に完全実施
⇒当年度 4 月に対象となるためには、前年度末までに 1 分野（15 時間以上）の研修要件をクリアしておく必要があります。

職務分野別リーダー・若手リーダー等

	令和 4 年度	令和 5 年度	令和 6 年度	令和 7 年度	令和 8 年度以降
	要件義務化なし		完全実施	1 分野 or 15 時間以上	

研修修了要件（完全実施中）

職種	認定こども園・幼稚園等	保育所・地域型保育事業所
副主任級、中核リーダー	計 60 時間以上の研修の修了 ※令和 7（2025）年度末までに 15 時間以上のマネジメント分野の研修修了が必要	4 分野以上の研修の修了 ※令和 7（2025）年度末までにマネジメント分野の研修修了が必要
専門リーダー	計 60 時間以上の研修の修了	4 分野以上の研修の修了
職務分野別リーダー、若手リーダー	計 15 時間以上の研修の修了 ※担当する職務分野に対応する研修を含むことが必要	担当する 1 分野の研修の修了
園内研修の取扱い	副主任級、中核リーダー、専門リーダー ⇒最大 15 時間算入可 職務分野別リーダー・若手リーダー ⇒最大 4 時間算入可	1 分野あたり最大 4 時間の研修時間を短縮可

キャリアアップ研修の分野別の内容

①専門別分野研修

　保育の現場で特に専門性の向上が必要な 6 分野についての研修です。キャリアアップ研修は、単に職員が受講するだけでなく、受講して得た知識をもって適切な助言や指導を行うことにより、より実践的な能力を高めていくことも狙いの 1 つです。

- 乳児保育

  乳児から３歳未満の子どもを対象とした「乳児保育」に関する研修です。乳児保育の意義や役割、それぞれの子どもの成長に寄り添った関わりや保育環境の構成、指導計画、記録や評価について学びます。

- 幼児教育

  「幼児教育」に関する研修です。それぞれの子どもの発達や状況に応じた保育内容や環境の整備、指導計画や記録、評価について学びます。なお、小学校との円滑な接続や保育所児童保育要録の記載方法なども学びます。

- 障害児保育

  「障害」についての理解を深め、障害児保育において必要な合理的配慮や支援の方法について学びます。障がい児を含めた中での保育環境の工夫の方法や発達状況に応じた保育について学びます。保護者（家庭）への支援や関係機関との連携、指導計画や記録・評価を学びます。

- 食育・アレルギー対応

  「食育・アレルギー」に対する理解を深め、栄養やアレルギー疾患に関する知識を得ることにより、適切な食育計画やアレルギー対応の方法を学びます。

- 保健衛生・安全対策

  子どもの安全・安心な保育環境であるための「保健衛生・安全対策」について、事故防止や健康管理、感染症対策等を学びます。

- 保護者支援・子育て支援

  「保護者支援・子育て支援」について学びます。漫然と子どもを保育するだけでなく、保育所や認定こども園が地域にとっての開かれた子育て拠点であることの意義をふまえ、保護者に対する相談援助の方法や、虐待防止、子どもの貧困等について専門性を高めます。また、地域連携や地域資源の活用についても学びます。

②マネジメント研修

管理職である主任保育士や主幹保育教諭等の下で、次世代のリーダー

候補にあたる職員が、施設の円滑な運営に必要なマネジメントを理解し、
リーダーシップや運営能力を学びます。

③保育実践研修
　保育士資格を取得したばかりの人や潜在保育士など、保育現場経験の
ない人または長期間離れている人が、子どもに対する理解を深め、基本
的な保育について学びます。

・5 研修内容【認定こども園・幼稚園等】・

　認定こども園・幼稚園等については、基本的には「受講した時間数」で受講状況をカウントします。

　認定こども園・幼稚園等においては、保育士等キャリアアップ研修以外にも、都道府県に認められた実施主体が行う研修（幼保連携型認定こども園教育・保育要領、幼稚園教育要領及び保育所保育指針を踏まえて教育及び保育の質を高めるための知識・技能の向上を目的としたもの）も対象にできます。また、算入時間の上限はありますが、園内研修も算入が可能です。なお、副主幹保育教諭・中核リーダー・専門リーダーについては、令和7（2025）年度末までにマネジメント分野を15時間以上受講しておくことが必要です。

（ア）保育士等キャリアアップ研修

　証明書の種類に応じて、以下のとおり研修時間に算入することができます。ちなみに、幼稚園の教諭は、「乳児保育分野」の研修時間を算入することができません。

証明書の種類	研修時間
保育士等キャリアアップ研修修了証	1通につき15時間
保育士等キャリアアップ研修一部受講証明書	証明書に記載の時間数

第 4 章 | 処遇改善等加算について知ろう

　マネジメント分野及び保育実践分野は、受講した年度により算入できる職種が異なるため、以下のとおり取り扱います。

受講年度	マネジメント分野	保育実践分野
令和元（2019）年度以前	すべての職種が対象	すべての職種が対象
令和2（2020）年度 令和3（2021）年度	副主幹保育教諭 中核リーダー 専門リーダー	対象外
令和4（2022）年度以降	副主幹保育教諭 中核リーダー	対象外

（イ）旧免許状更新講習及び免許法認定講習

　証明書の種類に応じて、以下のとおり研修時間に算入することができます。

旧免許状更新講習

証明書の種類	研修時間（※）
大学等が発行する 「更新講習修了証明書（履修証明書）」	証明書に記載の時間数
教育委員会が発行する 「更新講習修了確認証明書」または 「改正法附則第2条第3項第3号の確認証明書」	証明書1通につき30時間

免許法認定講習

証明書の種類	研修時間（※）
大学等が発行する「学力に関する証明書」	取得単位×15時間
教育委員会が発行する上位の免許状	150時間

※受講した講習のうち、研修内容が「マネジメント分野」に該当することを確認できる場合は、その時間分をマネジメント分野受講時間数に充てることができます。

（ウ）都道府県または市町（教育委員会を含む）が実施する研修

（エ）都道府県が適当と認める認定こども園関係団体・幼稚園関係団体等
　　（※）が実施する研修

　※都道府県が認める団体は、各都道府県にご確認ください。

（オ）大学等が実施する研修

　修了証が発行されない研修に限り、「研修受講記録（個人用）」（様式４）により、各認定こども園等の施設長が研修内容及び該当者が当該研修を修了したことを確認したうえで証明するものも認めることができます。

（カ）園内研修

　認定こども園・幼稚園等が企画・実施する園内研修については、副主任級や中核・専門リーダーについては15時間、若手リーダーについては４時間を上限に算定に含めることができます。都道府県の研修内容確認は不要です。

【園内研修（認定こども園・幼稚園等）の要件】

　○講師になれる人の条件（いずれか）

　　・　保育士等キャリアアップ研修の講師としての実績がある人

　　・　都道府県または市区町村が認める人

　　・　大学等に所属する人

　○目的

　　　教育・保育に資するもので、内容が明確に設定されているもの

　　※かなり幅広い解釈ができますが、基本的には保育士等キャリアアップ研修の各分野における「ねらい・内容」に準拠したものになるよう努めてください。

　○その他

　　　園内研修を企画する者（施設長）が研修受講者を特定可能で、受講証明を発行できること

　　※保育所・地域型保育事業所の園内研修の要件とは異なります。

第 4 章 ｜ 処 遇 改 善 等 加 算 に つ い て 知 ろ う

【ポイント】

　認定こども園、幼稚園等の研修要件は"分野"ではなく"時間"です。そのため、若手リーダーであれば、保育士等キャリアアップ研修のうち、幼児教育5時間、乳児保育5時間、障害児保育5時間の合計15時間でも処遇改善等加算Ⅱの研修修了要件を満たすことができます。極端な話ですが、旧免許状更新講習による時間数のみでも要件を満たすことは可能です。

　ただし、基本的には保育士等キャリアアップ研修に準拠した研修計画を立て、進めることが、職員本来のキャリアパスを示すものになります。

・ 6 研修内容【保育所・地域型保育事業所】・

　保育所・地域型保育事業所については、基本的には保育士等キャリアアップ研修をベースとして、「分野数」で受講状況をカウントします。

【注意】

　法人内で同じように研修を受講したとしても、認定こども園勤務であれば算入できても地域型保育事業所勤務であれば算入できない、というものもあります。

（ア）保育士等キャリアアップ研修

　研修分野を修了していることが必要です。そのため、一部受講の状態で15時間以上受講していたとしても、保育士等キャリアアップ研修修了証を取得していなければ、「1分野」として扱うことはできません。

　また、副主任保育士については、令和7（2025）年度末までにマネジメント分野を修了しておくことが必要です。

研修分野		副主任保育士	専門リーダー	職務分野別リーダー
専門分野別研修	乳児保育	専門分野別研修のうち3以上の研修分野を修了	専門分野別研修のうち4以上の研修分野を修了	職務分野別リーダー担当分野を含む1以上の研修分野を修了
	幼児教育			
	障害児保育			
	食育・アレルギー対応			
	保健衛生・安全対策			
	保護者支援・子育て支援			
マネジメント分野		令和8（2026）年度から必須	対象外（※）	対象外（※）
保育実践分野		対象外（※）	対象外（※）	対象外（※）

※マネジメント分野及び保育実践分野は、令和元（2019）年度までに受講した研修について、専門分野別研修として取り扱うことがです。令和2（2020）年度以降に受講した研修は、専門分野別研修として取り扱うことができません。この部分については、認定こども園・幼稚園等とはルールが違いますのでご注意ください。

第 4 章 | 処遇改善等加算について知ろう

（イ）旧免許状更新講習及び免許法認定講習

　都道府県が専門分野別研修の各研修分野として適当と認める研修を15時間以上履修し、提出書類で研修修了を確認できる場合に限り、保育士等キャリアアップ研修に係る専門分野別研修の「幼児教育分野」を修了したものとみなします。

　要は1分野分としてしか認められないため、認定こども園・幼稚園等に比べ、かなり厳しい扱いです。しかも、その人が既に保育士等キャリアアップ研修における幼児教育分野を修了している場合は、算入できない項目ということになります。

（ウ）園内研修

　保育所・地域型保育事業所が企画・実施する園内研修については、1分野につき最大4時間、当該分野の修了に必要な研修時間が短縮（最大で15時間が11時間に短縮）されます。

　保育士等キャリアアップ研修に係る研修時間の内訳に関係するため、園内研修そのものを都道府県に認可してもらう必要があります。また、令和5（2023）年4月以降に行う研修に限り算定対象にすることができます。

　講師や内容等の要件については、すべて保育士等キャリアアップ研修の要件に準拠します。

【ポイント】

　研修要件はあくまでも保育士等キャリアアップ研修に準拠した「分野」数の確認です。シンプルな分、認定こども園・幼稚園等のような幅広い研修をカバーするルールではないため、基本的には本来の保育士等キャリアアップ研修を貫く必要があります。

Column　教育・保育の質は人が担う

　キャリアアップ研修は、処遇改善等加算Ⅱに直接影響する研修です。おおむね1分野あたり15時間程度の受講が必要な大変な研修ですし、単純に「処遇改善等加算Ⅱを取得するために研修を受ける」という側面も、もしかしたらあるかもしれません。ただこの研修は、保育そのものだけでなく衛生面や食育、保護者支援など、保育に関わる者としての資質をあらゆる側面からレベルアップすることを目指す研修ですので、積極的な受講をおすすめします。そして、「教育・保育とはどのようなものなのか?」を学び続けることにより、教育・保育の質を高め続けていけたらと思います。そのためにも、研修を受けやすい環境の構築や受講した者に対する処遇の改善は必須であり、これは施設だけの問題ではなく、制度面についても今後のさらなる改善を期待したいと思います。

第 4 章 | 処 遇 改 善 等 加 算 に つ い て 知 ろ う

・ 7 研修修了要件の確認方法 ・

　処遇改善等加算Ⅱを取得している施設は、処遇改善等加算Ⅰ～Ⅲ及び
その他加算の適用申請書類等を提出するときに合わせて、研修修了要件
の証明に関わる書類も提出する必要があります。

　提出する書類は、各自治体が規定する様式に従ってください。基本的
には、誰がいつどのような研修を受講したか、そしてその結果、対象者
が当該年度の処遇改善等加算Ⅱの配分対象になる要件を満たしているか
を確認します。

　また、様式以外に研修を受けたことを証明する資料（研修修了証の写
し等）を提出する必要があります。

	認定こども園・幼稚園等	保育所・地域型保育事業所
保育士等キャリア アップ研修	・研修修了証 ・一部受講による時間数を算定する 場合は一部受講証明書	・研修修了証
旧免許状更新講習	・大学等が発行する「更新講習修了 証明書（履修証明書）」 ・教育委員会が発行する「更新講習 修了確認証明書」または「改正法 附則第2条第3項第3号の確認証 明書」	・大学等が発行する「更新講習修了 証明書（履修証明書）」 ・教育委員会が発行する「更新講習 修了確認証明書」または「改正法 附則第2条第3項第3号の確認証 明書」
免許状更新講習	・大学等が発行する「学力に関する 証明書」 ・教育委員会が発行する上位の免許 状	・大学等が発行する「学力に関する 証明書」 ・教育委員会が発行する上位の免許 状
園内研修	・様式3「園内研修実施状況報告書」 ・様式4「研修受講記録（個人管理用）」 （施設長による受講証明書）	・園内研修に関する県の証明書 ・様式3「園内研修実施状況報告書」 ・様式4「研修受講記録（個人管理用）」 （施設長による受講証明書）
その他の研修	・受講証明書 ・受講証明書を発行できない場合は、 様式4「研修受講記録（個人管理 用）」（施設長による受講証明書）	対象にできない

※様式について、三木市の場合は、表に記載されている名称の様式を使用しています。
　この様式と証明資料を照合し、内容を確認します。

163

【ポイント】

　最初に全職員の研修修了状況を報告して、あとは毎年追加で受けた研修分の報告を都度提出する方法と、当年度の対象者だけ毎年報告する方法があります。要は当年度の処遇改善等加算Ⅱ配分対象者がきちんと研修を受けているかどうかを確認できればOKですので、どちらのやり方でも問題はありません。もし各自治体で提出方法について決めている場合は、その方法に従うようにしてください。

第 4 章 | 処遇改善等加算について知ろう

・8 処遇改善等加算Ⅲ

　処遇改善等加算Ⅲは、令和4（2022）年10月から追加されることになった加算項目です。前身は、「処遇改善臨時特例事業補助金」です。

　「コロナ克服・新時代開拓のための経済対策」に基づき、令和4（2022）年2月から実施している処遇改善臨時特例事業補助金（3％程度（9,000円）の処遇改善）について、令和4（2022）年10月から公定価格で措置するために「処遇改善等加算Ⅲ」に生まれ変わりました。

　ここで得たすべての金額は、必ず職員の処遇改善に充てる必要があり、誰に、いくら払うのかを決める必要があります（義務）。

　また、常勤換算で9,000円／月を各対象職員に支払う処遇改善計画である必要があります（努力義務です）。

「常勤換算で9,000円／月」の考え方

覚えましょう！

　よく出てくる表現です。この計算のために、常勤換算値を求める必要があります。
- その人の月間労働時間÷その施設の月間の常勤職員の必要労働時間＝常勤換算値
- その人の賃金改善月額÷常勤換算値＝その人の常勤換算での賃金改善月額

　その施設の月間の常勤職員の必要労働時間が160時間であったとして、
- ・　Aさん　月160時間の常勤職員である　⇒常勤換算値1.0
- ・　Bさん　月80時間のパート職員である　⇒常勤換算値0.5
- ・　Aさんに月9,000円の賃金改善をした
　　⇒常勤換算での賃金改善月額：9,000÷1.0＝9,000円
- ・　Bさんに月4,500円の賃金改善をした
　　⇒常勤換算での賃金改善月額：4,500÷0.5＝9,000円

　常勤の人はそのままですが、非常勤の人については、常勤換算値を介

165

した計算が必要です。これがなんなのか、という話なのですが、「常勤レベルでいえば、月〇〇円の賃金改善になっているよ」という確認のために必要な数値です。処遇改善等加算Ⅲの実績報告に必要です。

処遇改善等加算Ⅲの大まかな流れ

単価×算定対象職員数で全体的な加算額を求めます。大まかな流れは以下のとおりです。

① 施設の平均年齢別児童数を算出します。
② 施設として取得する加算を決めます。
③ 取得した加算を基に処遇Ⅲの基礎職員数を算出します。
④ ③で算出した人数を基に、算定対象職員数を算出します。
⑤ 算定対象職員数を基に、加算見込額を算出します。
⑥ 加算見込額以上の処遇改善を行う計画を立てます。
⑦ 年度終了後、実績報告を行います。

覚えましょう！

〝処遇改善等加算Ⅲを認定する〟とは、④で算出する算定対象職員数を認定することです。

算定対象職員数の求め方

実は処遇改善等加算Ⅱの職員数を求めるときの考え方とほぼ同じです。ただし、取得する加算に応じて加減算定する数値が処遇改善等加算Ⅲ用になります。

そのため、同じように計算したとしても、処遇改善等加算Ⅱの人数A・Bを求める際に算出した「職員数」と処遇改善等加算Ⅲの認定に係る「職員数」は異なりますので注意が必要です。

出典：こども家庭庁「施設型給付費等に係る処遇改善等加算について」（最終改正令和6年4月12日）から一部抜粋

様式「処遇Ⅲ加算対象職員数計算表」の法的根拠はコレです。処遇Ⅱと似ています。

国通知「施設型給付費に係る処遇改善等加算について」の後半に、各施設区分別に規定されています。

配分の際に気をつけること

処遇改善等加算Ⅲには、国のルールとして、

- 必ず全額を職員の処遇改善等加算に充てる必要がある
- 金額の3分の2以上は毎月の給与に乗せる必要がある
- 法人理事を兼務する園長には配分できない
- 継続的な賃金改善を行う

というものがあります。特に「金額の3分の2以上は毎月の給与に乗せる必要がある」については、裏を返せば「金額の3分の1未満まではストックしておける」とも取れます。

計画どおり100％支払っている中で年度途中の新規雇用があると、その職員の分の処遇改善等加算Ⅲの配分に悩んでしまうと思います。そこで、「３分の１のストック」をしておけば、ストックから年度途中の雇用に対応させることで、最終的に余った分を一時金として支払えば金額を使い切ることができます。

　なお、施設の状況が前年度からあまり変更がない場合（定員や児童数、取得加算が極端に変わっていない場合）、加算額は公定価格の単価設定上、前年度に比べ少額ですが大きくなる可能性が高いです。そのため、配分については３分の２ルールに抵触しないよう、少し多めに毎月の給与での支払いを計画しておくほうが安全です。オススメは加算額の70％〜80％程度を支払う計画です。その理由は、少々公定価格単価が上がっても対応可能ですし、ストックも保てるからです。また、結果的に配分対象職員の月給が少し上がりますので、一度検討してみてはいかがでしょうか。

　ところで、給付の事務の中で一番複雑怪奇なのが、処遇改善等加算に係る別紙様式（適用申請書・計画書・実績報告書）です。「給付の事務が難しい」といわれるゆえんはここにあるといってもいいと思います。新規に処遇改善等加算を取得する場合を除き、計画書の作成は省略できることになりましたが、実績報告書の作成はあるため、きちんとルールを把握しておくようにしましょう。

・9 処遇改善等加算における新規事由 ・

　処遇改善等加算の申請書類作成時に出てくる「新規事由あり」「新規事由なし」について説明します。

　新規事由とは、加算額の増加理由が、制度（ルール）由来である事柄を指します。

　処遇改善等加算に係る加算額の増減は、①児童数の増減、②取得する加算、③制度そのもののどれかに起因されます。そのうち、①②は、その年の施設の状況に由来するものであることがわかります。そのため、これは「新規事由」にはあたりません。

　また、「新規事由あり」とは、加算額が単純に増加することを意味するものではありません。

　たとえば、平均児童数が前年度に比べて100人増加したとしても、加算額の計算方法そのもの（根拠）は変わりません。そのため新規事由には当たりません。ところが、処遇改善等加算Ⅰの賃金改善要件分に関し、平均勤続年数が10年から11年になった場合は、制度として計算方法が「×６％」から「×７％」に変わるため、この６％と７％の差額が、新規事由分に当たることになります。これを「特定加算額」と呼びます。

　新規事由があるかないかで、処遇改善等加算の考え方が一部変わってきます。実績報告書を提出するタイミング（当該年度終了後）になってから新規事由の有無に振り回されてしまうと、処遇改善等加算の配分等に煩雑な事務が追加されてしまう可能性があります。計画書の提出が不要になったとはいえ、配分は計画的に行いましょう。

処遇改善等加算Ⅰの場合

　「新規事由あり」に該当するのは、「基礎分」「賃金改善要件分」で構成される処遇改善等加算Ⅰの加算率のうち、「賃金改善要件分」の率が上がる場合です。

　「新規事由あり」に該当するのは次の場合です。

① 賃金改善要件分に係る加算率が公定価格の改定により増加する場合
　　⇒現状のルール（平均勤続年数11年未満までが６％、11年以上が７％）が制度的に変わる場合
② キャリアパス要件を新たに満たした場合
　　⇒賃金改善要件分からの２％減が解除される場合
③ 平均経験年数の増加により、賃金改善要件分の加算率が増加する場合
　　⇒基準年度における平均経験年数：10年⇒６％が、当年度の平均経験年数：11年⇒７％になる場合
④ 初めて処遇改善等加算Ⅰを取得する場合
⑤ 「新規事由あり」の同一法人内施設から賃金改善の配分調整を行った場合
　　（例）「新規事由あり」の小規模園から、「新規事由なし」の認定こども園にお金を移動した場合、認定こども園も「新規事由あり」扱いになります。したがって、
　　　・　「基礎分」の加算率の増加
　　　・　利用児童の増加による加算額の増加
　　　・　処遇Ⅰ以外の加算の新規取得による加算額の増加
　　は、新規事由には該当しません。

処遇改善等加算 II の場合

「新規事由あり」に該当するのは次の場合です。

① 処遇改善等加算 II の加算額の考え方が制度的に変わる場合

⇒認定こども園の場合、令和6（2024）年度について現状のルールでは、

人数A： 40,000円 ＋ 10,300円 ＝ 50,300円
人数B： 5,000円 ＋ 1,290円 ＝ 6,290円

単価　　　　　法定福利費の
　　　　　　　事業主負担分

↑この「単価」が変わる場合などを指します。

② 初めて処遇改善等加算 II を取得する場合

③ 「新規事由あり」の同一法人内施設から賃金改善の配分調整を行った場合

(例)「新規事由あり」の小規模園から、「新規事由なし」の認定こども園にお金を移動した場合、認定こども園も「新規事由あり」扱いになります。したがって、

・ 処遇 II 以外の加算の新規取得による人数A・Bの増加

・ 平均在籍児童数の増加に伴う人数A・Bの増加

・ 処遇 II の単価のうち、法定福利費の事業主負担分の増加に伴う加算額の増加

は、新規事由には該当しません。

処遇改善等加算Ⅲの場合

「新規事由あり」に該当するのは次の場合です。

① 処遇改善等加算Ⅲの加算額の考え方が制度的に変わる場合

　⇒たとえば令和4（2022）年度は、各認定区分・年齢区分ごとの平均在籍児童数を基にした計算方法でしたが、令和5（2023）年度は子ども数・利用定員・取得加算に応じ必要となる職員数を基にした計算方法に変わっています。したがって、令和5（2022）年度は、処遇改善等加算Ⅲを取得するすべての施設が「新規事由あり」になりました。

② 初めて処遇改善等加算Ⅲを取得する場合

③ 「新規事由あり」の同一法人内施設から賃金改善の配分調整を行った場合

　（例）「新規事由あり」の小規模園から、「新規事由なし」の認定こども園にお金を移動した場合、認定こども園も「新規事由あり」扱いになります。したがって、令和6（2024）年度以降に限定すれば、

- ・ 処遇Ⅲ以外の加算の新規取得による職員数の増加
- ・ 平均在籍児童数の増加に伴う職員数の増加
- ・ 処遇Ⅲの単価のうち、法定福利費の事業主負担分の増加に伴う加算額の増加

は、新規事由には該当しません。

第4章 | 処遇改善等加算について知ろう

10 処遇改善等加算Ⅰにおける 起点賃金水準の考え方

　前述した「施設の給与規定は前年度と比較して下がっていませんでしたよね？」を確認するために実績報告書を作成しますが、この別紙様式がかなりのクセ者です。何の数字をどう入力するのか、その考え方を説明します。

起点賃金水準とは

　起点賃金水準とは、基準年度の賃金水準＝加算前年度（または3年前）の賃金水準のことです。

　この言葉の理解が一番難しいかと思います。この様式を作成するために、

① 「全職員の名前や職種などを入力する」

② 「加算当年度内の賃金改善実施期間における支払賃金」を入力する

③ 「起点賃金水準」を入力する

を行いますが、この③についての考え方がかなり厄介です。

【参考】

国の説明：加算当年度の職員について、基準年度の同種同等職員の給与水準に当てはめる。

⇒対象職員を、その職歴・立場のまま基準年度の給与規程で賃金算定したら年間賃金がどうなるかを考える。

注意！

・ 同一職員に基準年度に支払った賃金（実績）ではありません。
　起点賃金水準は、あくまでも「水準」です。「実績」ではありません。

・ 当年度4月1日時点において産休などの理由で休職中で、当年度中に復職しない場合は、名前は入力しますが、金額は0でOKです。

（例）令和6年4月1日現在で、10年目の常勤保育教諭で職務分野別リーダー（幼児保育）を務めるAさんの場合（※基準年度は前年

173

度とする）

令和5年4月から10年目の常勤保育教諭で職務分野別リーダー（幼児保育）として勤務した場合の年間賃金を算定します。

繰り返しですが注意！

・「9年目」にする必要はありません。
・「実績」を入力してはいけません。
・前年度は現実には「常勤ではなかった」「職務分野別リーダーではなかった」「令和5年6月から9月までは産休だった」
などは関係ありません。

　Aさんと同じ職歴・立場の人を前年度の賃金水準で見たら年間賃金はどうなるかを考えます。

「新規事由あり」の場合、何が特定加算（見込）額になる？

　「新規事由あり」の場合、この新規事由に係る加算額を求めておく必要があります。これを特定加算（見込）額と呼びます。特定加算（見込）額の決め方は基本的には以下のとおりです。

●平均経験年数の増加により、賃金改善要件分の加算率が増加する場合
⇒処遇改善等加算Ⅰの賃金改善要件分の7分の1が特定加算（見込）額になります。

●初めて処遇改善等加算Ⅰを取得する場合
⇒処遇改善等加算Ⅰの賃金改善要件分の全額が特定加算（見込）額になります。

●「新規事由あり」の同一法人内施設から賃金改善の配分調整を行った場合
⇒資金移動した金額のすべてが特定加算（見込）額になります。

11　処遇改善等加算の確認

重要！

処遇改善等加算Ⅰ・Ⅱが「新規事由なし」の場合

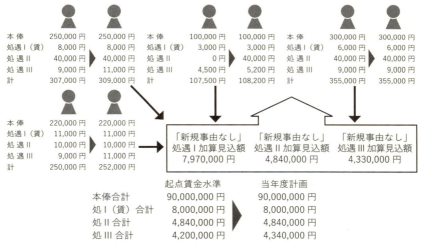

※考え方のみのため、法定福利費の事業主負担分は"込み"で考えてください。

　起点賃金水準と当年度支払実績を比べ、給与が下がっていないことを確認します。処遇改善等加算Ⅰの実績報告書（別紙様式6の別添1）に記載する支払総額に含まれるのは、本俸、処遇Ⅰ・Ⅱ・Ⅲ及び毎月決まって支払われる手当（主幹役職手当などのことです。なお、通勤手当や残業代は対象外）を算入します。

　常勤職員については、給与規程や俸給表が変わっていなければ、±0になります。パートの場合は、年度で設定した時給によります。

　なお、処遇改善等加算Ⅱの実績報告書（別紙様式8）に記載する支払賃金等は、別紙様式6別添1の一覧から処遇改善等加算Ⅱ対象者のみ抽出した金額を判定します。

処遇改善等加算Ⅰ・Ⅱに「新規事由あり」がある場合

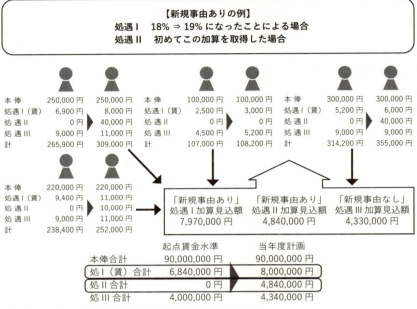

　新規事由の内容によりますが、基本的には起点賃金水準と当年度支払計画を比べ、特定加算（見込）額分以上に給与が上昇する計画である必要があります。ここではよくあるパターンとして、

- 処遇改善等加算Ⅰ：18%→19%になった場合
- 処遇改善等加算Ⅱ：新たにこの加算を取得した場合

の例を説明します。

　処遇改善等加算Ⅰは、起点賃金水準を算定する場合に、18%（賃金改善要件分を6%）として算定する必要があります。

　処遇改善等加算Ⅱは、起点賃金水準において処遇Ⅱを算定から除外します。つまりは当年度に取得している処遇改善等加算Ⅱの加算額（＝特定加算見込額）を使い切れているかを確認します。

新規事由がある場合もない場合も共通していえることですが、国作成の別紙様式は、別添様式にその施設の職員給与の全支払計画を入力し、その後に処遇改善等加算Ⅰ・Ⅱ・Ⅲそれぞれの対象者ごとにピックアップして、処遇改善等加算Ⅰ・Ⅱ・Ⅲそれぞれの各書類を作成する、という仕様になっています。少しわかりにくいですね。

　なお、別紙様式についても、自治体によっては入力しやすくなるようカスタマイズされている場合があります。

12　処遇改善等加算Ⅰ・Ⅱ・Ⅲのまとめ

【定義】

●処遇改善等加算Ⅰ

　基礎分：職員の平均経験年数の上昇に応じた、昇給に関する費用

　賃金改善要件分：職員の賃金改善やキャリアパス構築の取り組みに関する費用

●処遇改善等加算Ⅱ

　職員の技能・経験の向上に応じた追加的な賃金の改善に要する費用

●処遇改善等加算Ⅲ

　職員の賃金の継続的な引き上げ（ベースアップ）等に要する費用

●処遇改善等加算額の使い道に関する国通知（抜粋）

　・　処遇Ⅰの基礎分に係る加算額は、職員の賃金の勤続年数等を基準として行う昇給等に適切に充てること。

　・　処遇Ⅰの賃金改善要件分、処遇Ⅱ及び処遇Ⅲに係る加算額は、その全額を職員の賃金の改善に確実に充てること。

　⇒確実に充ててもらうために、そして確実に充てたことを確認するためにこの部分についての計画書及び実績報告が必要となる。

> 覚えましょう！

【各処遇改善等加算の認定について】

●処遇改善等加算Ⅰ：加算率

●処遇改善等加算Ⅱ：人数Ａ・人数Ｂ

●処遇改善等加算Ⅲ：算定対象職員数

【計画や実績報告で何を確認する？】

●処遇改善等加算Ⅰ（賃金改善要件分）

　・　継続した処遇改善計画になっているか。

　・　「新規事由あり」の場合、特定加算（見込）額以上の賃金改善になっているか。

第 4 章 | 処遇改善等加算について知ろう

- ・ 起算賃金水準に比べ当年度の賃金水準が低下していないか。
- ・ 「誰に」「いくら」払ったのか（※監査でも確認します）。
- ・ 加算額を使い切れているか。
- ・ 恣意的な配分になっていないか。

●処遇改善等加算Ⅱ
- ・ 「誰に」「いくら」払ったのか（※監査でも確認します）。
- ・ 加算額を使い切れているかどうか。
- ・ 恣意的な配分になっていないか。

●処遇改善等加算Ⅲ
- ・ 「誰に」「いくら」払ったのか（※監査でも確認します）。
- ・ 加算額を使い切れているかどうか。
- ・ 恣意的な配分になっていないか。

【非常に重要なこと！】

気をつけましょう

- ・ 監査では、処遇改善等加算Ⅰ・Ⅱ・Ⅲ共に「誰に」「いくら」払ったのかを確認します。処遇改善等加算ⅡやⅢは、計画段階で「誰に」「いくら」払うのかを明記するので比較的管理がしやすいですが、特に処遇改善等加算Ⅰは、申請・計画書類で配分に関する明記は不要だったとしても、職員別の配分状況はきっちり管理する必要があります。また、実績報告時に年間の給与台帳の写し等の提出が必要です。
- ・ 実績報告書等の書類の中で、全体でみて総支払賃金が上がっていればOKとしながらも、職員単位でみると支払賃金が下がっている場合に、確認監査等のときに理由を求められます。「その人だけ賃金が上がっていないのはなぜ？　不公平な処理になっていないか？」となるからです。もちろん説明できるのであれば問題はありません。

13　処遇改善等加算における各職員への給与の考え方

まとめると以下のとおりです。
- 処遇改善等加算Ⅰ：職員の平均経験（勤続）年数に応じて賃金改善を行うもの
- 処遇改善等加算Ⅱ：職員（対象者）役職や技能などそれぞれの専門性に応じた賃金改善を行うもの
- 処遇改善等加算Ⅲ：職員の継続的なベースアップのために行う賃金改善

基本給与に対し、まずは処遇改善等加算Ⅱに係る手当を配分し、その後に処遇改善等加算Ⅰ（ベースアップ分及び給与バランスの調整分）を配分するのが、大まかな考え方です。

処遇改善等加算が行われた状態で、基準年度と現年を比較し、改善が図られているかを確認します。

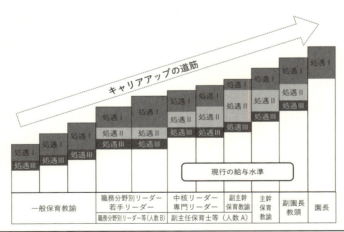

※副園長・教頭や主幹保育教諭への処遇Ⅱ手当は、副主幹保育教諭等の賃金のバランス等を踏まえ、**必要な場合に限って**行うことが可能

処遇改善Ⅰの手当でベースアップ及び全体の給与バランスを取ります。

第5章

法根拠を知ろう

どの法令の、どの条文が根拠なのかを知ろう

　「『1号認定』ってなんで『1号認定』って呼ぶの？」「小規模保育事業って法律のどこに定義されているの？」など、制度を勉強していく中で、「言葉の疑問」が出てくると思います。なんとなく使用している言葉も、基本的にはちゃんと法的な根拠があります。日頃の業務では、意味や内容を知っていれば、あまり問題にはなりませんが、いざ補助金の要綱や規則などを考えたりするときに、どの法令のどこに何が書いてあるかを理解しておかないと、仕事を進められなくなってしまう場合があります。

　教育・保育の制度は、「子ども・子育て支援法」や「児童福祉法」、「就学前の子どもに関する教育、保育等の総合的な提供の推進に関する法律」（認定こども園法）など、かなりの数の法令が根拠として存在します。国の通知レベルのものも含めると、限られた時間で読み切るのはかなり厳しい道のりです。法令の名前を覚えるだけでもひと苦労です……。

　このような背景から、本章ではよく使う言葉の法的根拠をまとめてみました。言葉の内容を知り、根拠で固めることにより、信頼のおける知識があなたの味方になります。

　ここでは、教育・保育給付の事務を行う上でよく使う言葉を、ざっくりとジャンルに分けて紹介します。

"法令をめぐる旅"で理解を深めよう

　法令は、ほかの法令の定義を引用することが非常に多いです。条文に記載された別の法令の条文をたどっていくことにより、言葉の根拠にたどり着くことができます。"法令をめぐる旅"のようなイメージです。

　たとえば「保育」という言葉の場合、「保育」は、子ども・子育て支援法第7条の3に定義されています。

第 5 章 | 法 根 拠 を 知 ろ う

> **子ども・子育て支援法**
> **第7条の3**
> 　「この法律において「保育」とは、児童福祉法第6条の3第7項第
> 　1号に規定する保育をいう。」

と記載されています。

　そこで児童福祉法第6条の3第7項第1号を見てみると、

> **児童福祉法**
> **第6条の3第7項第1号**
> 　「家庭において保育（養護及び教育（第39条の2第1項に規定す
> 　る満3歳以上の幼児に対する教育を除く。）を行うことをいう。
> 　以下同じ。）を受けることが一時的に…（略)」

と記載されています。

　この条文は、一時預かり保育についてのことが書かれているのですが、
実はこの中にある、

> **保育（養護及び教育（第39条の2第1項に規定する満3歳以上の幼**
> **児に対する教育を除く。）を行うことをいう。）**

の部分が「保育」の一番の根拠になります。「保育」という言葉は、児童
福祉法第6条の3第7項第1号が言葉のスタートラインとなる条文なの
です。

　このように、条文を読んで、さらに引用する条文がある場合はその条
文も追いかける "法根拠の旅" をしてみてください。大変ですが、深い
理解につながります。

183

基本的な言葉や認定に関する言葉

言葉	法令名	定義している箇所
子ども	子ども・子育て支援法	第6条第1項
保護者	子ども・子育て支援法	第6条第2項
教育	子ども・子育て支援法	第7条第2項
保育	子ども・子育て支援法	第7条第3項
教育・保育施設	子ども・子育て支援法	第7条第4項
特定教育・保育施設	子ども・子育て支援法	第27条第1項
地域型保育事業	子ども・子育て支援法	第7条第5項
特定地域型保育事業者	子ども・子育て支援法	第29条第1項
保育料	子ども・子育て支援法	第27条第3項第2号 第29条第3項第2号
国基準の利用者負担額	子ども・子育て支援法施行令	第4条
保育所における保育は市町村が実施する	児童福祉法	第24条
業務管理体制の整備	子ども・子育て支援法	第55条
	子ども・子育て支援法施行規則	第45条〜第46条
特別利用保育	子ども・子育て支援法	第28条第1項第2号
特別利用教育	子ども・子育て支援法	第28条第1項第3号
特別利用地域型保育	子ども・子育て支援法	第30条第1項第2号
特例保育	子ども・子育て支援法	第30条第1項第4号
1号認定〜3号認定	子ども・子育て支援法	第19条各号
新1号認定 〜新3号認定	子ども・子育て支援法	第30条各号
教育・保育給付認定保護者	子ども・子育て支援法	第20号第4項
保育要件 （保育の必要性の認定）	子ども・子育て支援法施行規則	第1条の5
保育必要量の認定	子ども・子育て支援法施行規則	第4条

給付に関する言葉

言葉	法令名	定義している箇所
子どものための教育・保育給付	子ども・子育て支援法	第 11 条
施設型給付費	子ども・子育て支援法	第 27 条第 1 項
地域型保育給付費	子ども・子育て支援法	第 29 条第 1 項
給付費＝公定価格－保育料	子ども・子育て支援法	第 27 条第 3 項
給付費の国庫負担対象部分	特定教育・保育等に要する費用の額の算定に関する基準等の実施上の留意事項について	第 1 の（2）
法定代理受領	子ども・子育て支援法	第 27 条第 5 項
公定価格	子ども・子育て支援法	第 27 条第 3 項第 1 号
事業主拠出金の充当割合	子ども・子育て支援法施行令	第 24 条の 2
地域区分	特定教育・保育、特別利用保育、特別利用教育、特定地域型保育、特別利用地域型保育、特定利用地域型保育及び特例保育に要する費用の額の算定に関する基準等	別表第 1
認可定員（幼稚園）	学校教育法施行規則	第 4 条第 1 項第 5 号の収容定員
認可定員（保育所）	児童福祉施設の設備及び運営に関する基準	第 13 条第 2 項第 6 号に掲げる利用定員
認可定員（幼保連携型認定こども園）	認定こども園法施行規則	第 16 条第 4 号の利用定員
認可定員（幼稚園型認定こども園、保育所型認定こども園、地方裁量型認定こども園）	認定こども園法	第 4 条第 1 項第 3 号の利用定員と第 4 号の利用定員（満 3 歳以上の者に係るものを除く）を合計したもの
認可定員（家庭的保育事業者等）	家庭的保育事業者等の設備及び運営に関する基準	第 18 条第 1 項第 6 号に掲げる利用定員
利用定員	子ども・子育て支援法	第 31 条・第 43 条
特定教育・保育施設の「確認」	子ども・子育て支援法	第 31 条
特定地域型保育事業者の「確認」	子ども・子育て支援法	第 43 条

施設に関する言葉

言葉	法令名	定義している箇所
幼稚園	学校教育法	第1条
保育所	児童福祉法	第39条第1項
認定こども園	認定こども園法	第2条第6項
幼保連携型認定こども園	認定こども園法	第17条第1項
幼稚園型認定こども園	認定こども園法	第3条第1項
保育所型認定こども園	認定こども園法	第3条第1項
地方裁量型認定こども園	認定こども園法	第3条第3項
家庭的保育事業	児童福祉法	第6条の3第9項
小規模保育事業	児童福祉法	第6条の3第10項
居宅訪問型保育事業	児童福祉法	第6条の3第11項
事業所内保育事業	児童福祉法	第6条の3第12項

Column ここまでお読みいただいた あなたへのお願い

　ここまでお読みいただいた読者のみなさんにチャレンジしてみてほしいことがあります。

　1つ目は、子ども・子育て支援法をはじめとした各種法令等をあらためて読み返してほしいということです。シンプルに読んでもいいですし、法根拠をちょこちょこピックアップして読んでいくのもいいと思います。得た知識を法根拠とセットで理解することで、より強靭な知識になります。また、新しい気づきがあるかもしれません。

　2つ目は、教育・保育給付の制度を誰かに教えてみてほしいということです。得た知識を誰かに伝えることで記憶の整理になりますし、知識の属人化を防ぐことができます。自治体であれば課内や係内、認定こども園などの施設であれば園長先生や事務員など、本書を利用してぜひ知識の共有を図っていただき、「給付はこの人しか知らない」ではなく、組織で理解している状態になればすばらしいと思います。

第6章

こんなときどうする？
FAQ集

国が示してくれているFAQは制度理解の命綱です。しかし、そこに載っていない疑問があるのもまた事実です。ここでは、そんな疑問のうち、読者のみなさんに共有しておきたい疑問を質問形式にして集めてみました。

みなさんの制度理解の一助になれば幸いです。

総 合 的 な 質 問

Q1 施設型給付費や地域型保育給付費、委託費に使途制限はある？

子ども・子育て制度における施設型給付費や地域型保育給付費は、個人給付（法定代理受領）であるため、使途制限はありません。ただし、私立保育所については、市区町村からの委託に基づいて保育をするための費用であるため、使途制限があります。

なお、施設型給付費や地域型保育給付費の中でも、処遇改善等加算など、賃金改善に係る人件費として使い道を限定されているものもあります。

Q2 子どもの年齢によって公定価格が違うのはなぜ？

配置基準の関係で、年齢が小さいほど子ども1人あたりの人件費の比重が高くなるため、単価が大きくなります。

Q3 同じ年齢でも認定区分によって公定価格が違うのはなぜ？（認定こども園）

利用定員が小さい施設でも安定的に施設の運営ができるよう、定員が小さいほど単価の設定が高くなります。たとえば1号定員15人、2・3号定員10人の認定こども園でも定員分子どもが在籍していれば運営できるしくみになっています。そのため、1号と2・3号の利用定員に差が

第6章｜こんなときどうする？ＦＡＱ集

ある場合は、単価の差も大きくなります。また、1号と2・3号では算定される加算が異なるため、公定価格が異なってきます。

加 算 に 関 す る 質 問

Q1 処遇改善等加算Ⅰとは結局何か？

結論だけ言うと、**「長く働き続けることができる」職場を構築するための加算**となるのではないかと思います。長く働ける職場であるためには、適正な賃金の増加やキャリアアップが必要です。処遇改善等加算Ⅰの基礎分がいわゆる"号給"の適切な向上のための費用、賃金改善要件分文字どおり賃金改善、そしてキャリアアップの取り組みに係る費用が盛り込まれています。ベテラン職員がいればいるほどそのコストが上がるため、平均経験年数が算定のベースになっています。

処遇改善等加算Ⅱはキャリアアップ、処遇改善等加算Ⅲはベースアップと、目的がわかりやすいだけに、特に処遇改善等加算Ⅰのややこしさが際立ちます。処遇改善等加算の中で最初に生まれていますので、目的が大きく、内容もいろいろ盛り込まれている印象です。

Q2 処遇改善等加算Ⅱの同一法人施設間の拠出上限は20%だが、処遇改善等加算Ⅰの上限はあるのか？

処遇改善等加算Ⅰにおける施設・事業所間での配分について、配分の割合に関する規定はありませんので、施設側の裁量で問題ありません。ただし、配分する趣旨は、施設間の上積みの差が大きい場合に平準化させることであり、この趣旨から外れるのは好ましくありません。配分内容を確認した上で判断してください。

189

Q3 【処遇改善等加算Ⅰ】4月初日時点で産休等の職員は平均経験年数の算定対象に含めるのか?

含めます。ただし、その職員の代替職員は算定対象外になります。なお、代替職員であっても、処遇改善等加算Ⅰそのものの配分対象には含めることができます。

Q4 【処遇改善等加算Ⅰ】賃金改善要件分について、賃金の合計が前年度と比べて減額していないか確認するが、新人職員の場合はどう比較するのか?

新人職員の場合は、前年度に同じ雇用条件で新人職員が勤務した場合の給与と比較します。

Q5 【処遇改善等加算Ⅰ】賃金改善要件分について、賃金の合計が前年度と比べて減額していないか確認するが、同額は減額にはあたらないという認識でいいか?

前年度と今年度の給与規定(給与表等)が同じであれば、同額は減額にはあたらないという認識で問題ありません。前年度と今年度の給与規定(給与表等)が増額改定しているのであれば、同額=減額になりますのでご注意ください。

Q6 【処遇改善等加算Ⅱ】ボーナス(一時金)に上乗せする支払い方をしてもいいか?

ダメです。処遇改善等加算Ⅱは「決まって毎月支払われる手当」または「基本給」による賃金改善のみを賃金改善額として取り扱われるものであり、一時金による支払いに含めることはできません。

Q7 【管理者を配置しない場合の減算】管理者を配置しない場合の条件がよくわからない。適用される場合、適用されない場合の具体例を聞きたい。

次の3つをすべてクリアしているかどうかがポイントです。

第6章｜こんなときどうする？ＦＡＱ集

① 児童福祉事業等に２年以上従事している、もしくはこれと同等以上の能力を有すると認められる人であること。

※同等＝公的機関等が実施する施設長研修等を受講した者など。

② その施設の運営管理の業務に「常勤」かつ「専従」しているかどうか。

※少なくとも１日６時間以上かつ月20日以上施設に勤務する者でなければ、常時実際にその施設の運営管理の業務に専従しているとはみなせず、減算の対象になります。

※１日６時間以上かつ月20日以上勤務していたとしても、２以上の施設もしくはほかの事業と兼務している場合、または保育のローテーションに入っている場合は、その施設の管理者として運営管理の業務に専従していないとみなします。

③ その施設の給付費から給与が支払われているか。

Q8

【栄養管理加算】Ａ施設とＢ施設を運営していて、栄養士を法人で雇用し、Ａ施設に調理員として在籍しつつＢ施設の栄養管理もしている。この場合、Ｂ施設が栄養管理加算を取得する際にはどの区分になるか？

> 三木市ではこのように決めています

答えとしては「嘱託」としています。

基本配置の「調理員」に該当するかどうかがポイントになります。

よってＡ施設であれば、「雇用」または「兼務」、Ｂ施設であれば「嘱託」になります。

Q9

勤務時間の合計では160時間でも、２施設で働いており、それぞれ80時間勤務の場合、どちらの施設でも非常勤となるか？

どちらの施設でも非常勤扱いになります。

Q10

【給食実施加算】「月当たりの日数を４で割って算出する」とあるが、「４」とは何の数値なのか？

どの月でも確実に４週間はあることから、修業期間中の平均的な月当たり実施日数を４で割ることによって週当たりの給食実施日数を算出し

191

ます。

Q11
【給食実施加算】3歳児は家からのお弁当、4～5歳児は給食で運営している場合の給食実施日数の考え方を教えてほしい。

4～5歳児の分しか給食提供体制を取っていないのであれば、給食実施日数にカウントはできません。ただし、3歳児全員への給食提供体制も取っているのであればセーフです。

Q12
加算をとるために必要な条件もいろいろあると思うが、そもそも加算を取ることは得になるのか？

基準を満たした上で加算要件に合致する取り組みを行っているのであれば、「得」というよりは「取るべき」といえます。

認可施設であるために最低限クリアしておくべき基準に加えて、教育・保育の質の向上のために施設が取り組むことを、国が想定して形にしたものが加算です。「このような加算がありますよ」と示すことで、教育・保育の目指すべき方向性を示しつつも、加算に選択肢を用意することで一定の多様性を認めるしくみになっています。

たとえば3歳児配置加算などは、より手厚い教育・保育の取り組みのために、国が示す配置基準にプラスして職員を配置していればその分の費用を算定できる、というものになります。反対に、「絶対に配置しておかなければならない人を配置できていない」となると、その不足分の人件費はいりませんよね、ということで減算になります。

Q13
3月にのみ支払われる施設機能強化推進費加算が16万円入ってくると思っていたが、年度末の精算請求書を見るとちょっと少ないがなぜか？

子ども単位ではなく施設単位で公定価格が設定されている加算は、この現象が起きることがあります。このタイプの加算は、定められた額を月初日の利用子ども数で割って子ども1人当たりの単価を算出します。

第6章｜こんなときどうする？ＦＡＱ集

このときに、算定して得た額に10円未満の端数がある場合は切り捨てることになっています。この切り捨てた金額の合計が「ちょっと少ない」理由です。

　質問の例に準ずると、施設機能強化推進費加算は3月の単価にのみ加算される、施設単位で公定価格が設定されている加算です。

　たとえば、保育所において3月の利用子ども数が115人だった場合、16万円÷115＝1391.304…となり、10円未満を切り捨てた結果、子ども1人当たりの単価は1,390円になります。すると、この施設が取得する加算額は1,390×115＝159,850円になり、「ちょっと少ない」加算額になります。

Q14 【副食費徴収免除加算】副食費が月5,000円の施設に副食費徴収免除子どもが在籍している場合、加算との差額を支払わせてもよいか？

　ダメです。副食費徴収免除者に対し、免除額を上回る部分は実費徴収すべきと考えることはできますが、これは明確に「ダメ」と国によって示されています。

Q15 【高齢者等活躍促進加算】常勤職員は対象にできるのか？

　常勤職員は対象にできません。イメージとしては、処遇改善等加算Ⅰの勤続年数算定対象者は対象外になります。

Q16 【高齢者等活躍促進加算】65歳以上の保育士は対象にできるのか？

　65歳以上で保育士免許を持っている人が非常勤保育士として勤務している場合、この加算の対象にするのであれば、年齢別配置基準の算定に盛り込むことはできません。

研 修 修 了 要 件 に 関 す る 質 問

Q1 過去のものについて、どこまで古いものが対象になるのか？

基本的には申請時点で都道府県が認めている団体で、受講修了を証明できるものであれば、いつのものでも問題ない想定です。

Q2 対象職員の、すべての研修履歴を提出する必要があるのか？

処遇改善等加算 II に係る研修修了要件さえ確認できれば OK です。

たとえば副主幹保育教諭で、今までに150時間受講している人のすべてを見る必要はなく、最終的に60時間分（うちマネジメント15時間）を確認すれば OK です。

Q3 職種を問わずすべての対象職員の状況を報告しなければならないのか？

副園長・教頭・主幹保育教諭については、相当程度の経験及び研修の受講歴を有しているという前提のもとで任命されていることが想定されることから、研修修了要件を満たしているものとして取り扱って差し支えありません。三木市では当職員についての報告も不要としています。

Q4 「専門リーダー」と「中核リーダー」の違いは？

専門リーダーは、幼稚園、認定こども園、保育所におけるスタッフ職（保育部門の管理職）、中核リーダーは、幼稚園、認定こども園におけるライン職（事務部門の管理職）です。

第 6 章｜こんなときどうする？ＦＡＱ集

Q5 「職務分野別リーダー」と「若手リーダー」の違いは？

職務分野別リーダーは、保育士等キャリアアップ研修における専門分野別研修を修了した職員に対して発令されます（例：職務分野別リーダー（幼児教育）など）。そのため、たとえば幼児教育分野を修了していない職員に対し、職務分野別リーダー（幼児教育）を発令することはできません。

若手リーダーは、認定こども園や幼稚園において、保育士等キャリアアップ研修における専門分野別研修は修了していないが、15時間以上の研修を受講している職員に対して発令されます。

Q6 処遇改善等加算Ⅱの要件として、「月額40,000円の改善を行うものを１人以上確保する」「職務分野別リーダーについては、人数Ｂ以上の配分を行う」があるが、これを満たせない場合はどうなるのか？

加算の要件を満たさないため、処遇改善等加算Ⅱは不認定になります。

Q7 休憩時間は研修時間に含めることができるのか？

休憩時間は研修時間に含めることはできません。

Q8 「加算対象職員は、処遇改善等加算Ⅱによる賃金改善を受ける月の前月までに研修修了要件通知に定める研修を修了する必要があります」とあるが、令和５年４月入職の職員を副主任保育士等として賃金改善の対象とする場合、研修修了した月の翌月から賃金改善を行えるということでよいのか？　また、研修修了後であれば、一時金などで年度初めに遡って支払いすることは認められるか？

研修が修了した月の翌月から賃金改善の対象とすることは可能です。処遇改善等加算Ⅱに係る加算額については、役職手当、職務手当など職

位、職責または職務内容に応じて、決まって毎月支払われる手当または基本給により賃金改善を行うこととされており、一時金による支払いは認められていません。

Q9 認定こども園に勤める保育教諭が、保育士等キャリアアップ研修に準じた研修を仮に「幼児教育25時間」受けた場合（たとえば、令和元年度に幼児教育の研修を15時間修了したが、「この講師の研修はぜひ聞きたい！」ということで令和3年度に10時間、幼児教育の研修を受けた場合）は、「25時間」として取り扱えると理解していいか？

お見込みのとおりです。なお、認定こども園には、中核リーダー・副主幹保育教諭のマネジメント分野以外は分野に関する制限はありません。

Q10 保育士等キャリアアップ研修のうち、幼児教育5時間、乳児保育5時間、障害児保育5時間の合計15時間で処遇改善等加算Ⅱの対象要件を満たした認定こども園勤務の保育教諭が、翌年度地域型保育事業所に異動または転勤となった場合、どのように取り扱うのか？

この「15時間分OK」の保育教諭が小規模保育事業所へ異動になった場合は、小規模保育事業所においても処遇改善等加算Ⅱの対象にできます。確認方法は認定こども園ルールになります。ただし、異動後において保育士キャリアアップ研修に準じた研修修了要件に合致するよう努める必要があります。

> 三木市ではこのように
> 決めています

なお三木市では、この取扱いの有効期間は、**認定こども園及び幼稚園に勤務していた者が、保育所等に勤務することになった当該年度のみと**しています。

（例）令和7年度に認定こども園から小規模保育事業所に異動してきたのであれば令和7年度のみが特例となります。

第 6 章 | こんなときどうする？ＦＡＱ集

Q11

キャリアアップ研修で、１コマ５時間の回があった。
Ｂ保育士は、所用があり、２時間受講できなかった。そ
のため、実際に研修を受けたのは３時間だった。

しかし、この回のキャリアアップ研修は、５時間受けて初めて「一部
受講証」が発行される研修だったため、途中で中抜けしたＢ保育士は、３
時間の研修は受けたが「一部受講証」は発行されないこととなる。

Ｂ保育士が受講した３時間分を「園長が認める研修」として園長が受講証を作成
し、「その他の研修」として処遇Ⅱの研修時間として認める取扱いにできないか？

不可です。「園長が認める研修」として園長が受講証を発行するやり方
は、あくまでも対象の研修を実施する主体が受講証明書を発行できない
場合の救済措置として認める手法です。そのため、実施主体が受講証を
発行できない受講状況に対し、一部を切り取って時間数を認める方法は、
研修の受講のあり方にそぐわないと考えます。

Q12

もし副主任保育士グループの配分対象者が令和７年度末にマ
ネジメント分野を修了できなかった場合はどうなるのか？

処遇改善等加算Ⅱの配分対象からは外れることになります。その結果、
副主任保育士グループの配分対象者（40,000円の配分対象者）が０人に
なってしまった場合は、処遇改善等加算Ⅱそのものが不認定になります。

Q13

保育士等キャリアアップ研修のうち、保育実践研修や
マネジメント研修が、受講した年度により算入できた
りできなかったりするのはなぜか？

保育実践研修、マネジメント研修は、専門別分野研修ではないため、処
遇改善等加算Ⅱの対象者が修了すべき研修にはあたりませんが、この取
扱いについて明確に示されたのが令和元年度以降であることを踏まえ、
令和元年度までに実施された研修は専門別分野研修の１つとしてみなさ
れます。ただし、この取扱いによって加算の要件をクリアできたとして
も、保育現場での多様な課題への対応やリーダー的な役割が求められてい
ることを踏まえ、ほかの専門別分野研修も受講することが望ましいです。

197

～おわりに～

　ここまでお読みいただき、ありがとうございます。

　今、地方自治体はもちろん、すべての業界において、働き方が変わってきています。目まぐるしく変わり続ける社会の中で、前例主義で仕事を行うスタイルは、もはや通用しなくなりつつあります。それは前例主義の仕事になりやすい公務員の世界でも同じです。現状を打破し、未来に向かっていく仕事人であることが求められています。ただ、公務員の基本的な姿勢として、常に最新の法を理解し、常にすべてに敬意を払い、常に中立の立場で働くことは今後も変わらないと思います。

　最新の法の理解のためには、過去の経緯や前提として知っておくべき知識が必要です。本書は、教育・保育給付費に関する制度の基本的な理解を高めるために作りました。本書をお読みいただくことで、制度の基本を理解し、今後行われるであろう法改正にも適切に対応できるよう、知識の地盤をしっかりと固めていただければと思います。

　最後に、今回の書籍出版に際し、多大なるご協力、ご助言をいただいた大正大学地域創生学部の谷ノ内識教授、三木市総合政策部秘書広報課の三木孝洋さん、そして私たちの思いを書籍という形に整えてくださった株式会社ぎょうせいの皆様に心から御礼申し上げます。

著者略歴

網干 達也（あぼし・たつや）
三木市教育委員会 教育振興部 教育・保育課　入所・給付係長

　8年間の民間企業勤務を経て、2014年4月に三木市に社会人枠で入庁。税務課、商工観光課、教育委員会文化・スポーツ課を経て、2020年6月から教育・保育課の給付事務・補助金事務の担当として勤務。2024年4月から現職を務める。YouTubeチャンネル「三木市教育・保育課」の中の人。

【ひとこと】
　数年前、共著者の本岡氏との雑談の中で、「給付についてもっとわかりやすいテキストみたいなものがあればいいですよね」と話したのが本書の企画のきっかけでした。そこから地道に「毎日1～2時間だけの作業」を繰り返し、最初のテキスト「給付費に係る加算について」ができあがりました。その後、ブラッシュアップを繰り返し、市内にない施設区分の内容も盛り込み、このたびの書籍に生まれ変わりました。本書が「給付事務担当者のお手元にあれば安心」な存在になることを祈っています。
　そして、「変わり者」と言われた私からこの本をお読みいただいたすべての皆様へ。どんな仕事でも制度や基礎を理解し、安心感を持てるようになると、「受け身の仕事」から「攻めの仕事」になります。「攻めの仕事」は楽しいですよ。同じ「働く」なら、楽しみましょう！　ではまた！

本岡 伸朗（もとおか・のぶお）
三木市教育委員会 教育振興部 小中一貫教育推進室 主査

　約12年間のさまざまな業種（電機メーカー、カイロプラクター、派遣社員（外資IT企業勤務）、ベンチャーIT企業）の経験を経て、2014年10月に、生まれ育った三木市に社会人枠で入庁。当初配属された就学前教育・保育課（現教育・保育課）にて8年半、入所事務や給付事務のほか、各種補助金事務、幼保一体化計画、第三者評価導入等に携わる。頻繁に改正される法制度への理解や膨大な事務の遂行、そしてその中で発生した問題等に対応した経験から、事務設計の見直しや制度理解の必要性を強く感じ、再発防止及び課員の知識・スキル向上、属人化の防止のために、各業務の手順書の整備に加えて、入所編や給付編、補助金編のほか、法制執務編やPC操作編等からなる課内レク資料一式を作成し、課内レクの定期的な実施体制を整備した。

【ひとこと】
　これまでの課員の皆様や関係者の皆様に支えていただき、給付が大好きという網干氏と共に本書を出版することができました。あらためて御礼申し上げます。内容はあくまで「三木市の解釈は」という前提ですが、できる限りさまざまな資料を読み込んで、県や国に確認をした内容となっていますので、皆様の業務の一助になることを願っています。

★三木市教育・保育課チャンネル★
三木市教育委員会　教育・保育課のYouTubeチャンネルです。
説明会等の動画をアップしています。
https://m.youtube.com/channel/UCpQ_7ACRJQNhf5sUR6sUIXA

（※所属は書籍発行日時点の情報です）

もう困らない！ 教育・保育給付制度の手引
配置基準から加算の内容まで

令和 6 年11月11日　第 1 刷発行
令和 7 年 3 月30日　第 3 刷発行

共　著　網干　達也、本岡　伸朗

発　行　株式会社ぎょうせい

〒136-8575　東京都江東区新木場1-18-11
URL：https://gyosei.jp

フリーコール　0120-953-431

ぎょうせい　お問い合わせ　検索　https://gyosei.jp/inquiry/

〈検印省略〉

印刷　ぎょうせいデジタル株式会社　　　　　　©2024　Printed in Japan
※乱丁・落丁本はお取り替えいたします。
ISBN978-4-324-11440-7
(5108962-00-000)
〔略号：困らない教育給付〕